꿈꾸는 엄마의
미라클 모닝

엄마의 24시간을
긍정적으로 만드는 힘

# 꿈꾸는 엄마의
# 미라클 모닝

김연지 지음

유노
라이프
LIFE

## ⏰ 꿈꾸는 엄마와 함께하는 사람들의 기대평

새벽을 활기차게 시작하는 일이 처음에는 쉽지 않았어요. 눈이 안 떠지고 찌뿌둥하여, 5분만, 5분만 하면서 다시 잠들기도 했습니다. 그러면서도 포기하지 않고 새벽 4시 반에서 5시 반 사이에 일어나다가 시간을 조금씩 앞당기면서 결국에는 새벽 4시에 기상했고 무엇을 하든 의자에 앉게는 되었습니다.

새벽에 김연지 기자 님과 함께하고, 많은 '라방(라이브 방송)' 가족들과 짧게 인사를 하는 것에서도 큰 힘을 얻습니다. 이 시간에 책을 읽고 운동을 하고 목표를 달성해 나가자고, 스스로 늘 다짐합니다.

@jjjinmi_

오래전부터 미라클 모닝 관련 책을 보면서 너무 해 보고 싶었는데, 직장과 육아를 병행하는 워킹맘이라 엄두를 못 냈어요. 그러다가 유튜브에서 우연히 김연지 기자 님이 일과 육아를 하면서 새벽 기상을 1년 넘게해 오신 것을 보고 저도 4시 30분 기상을 호기롭게 시작했어요.

아직 딸이 어려서 새벽에 자꾸 따라 깨서 힘든 점도 있지만, 포기하고 싶은 순간에도 김연지 기자 님의 새벽 라방에 참여하신 분들을 보면서 많은 자극과 용기를 얻습니다. 더불어 잘 모르는 여러 분야에 대한 인사이트를 얻고 있습니다.

남편도 저를 따라서 시작했는데 저보다 훨씬 잘하고 있네요. 새벽 시간 활용으로 몸무게도 3킬로그램 넘게 빼고 갑자기 책도 많이 읽어요. 둘 다 저녁에는 술 먹는 일이 다반사였는데 이제는 새벽 기상을 위해서 자제하는 날이 매우 많아졌다는 장점도 있어요.

일하랴, 육아하랴, 나만을 위한 시간, 미래를 위해 투자할 시간이 사라져서 슬프다면 새벽 기상을 강력 추천해요!

@morning_brkim


며칠 전 드디어 모닝레시피 30일을 달성했어요. 새벽 5시에 일어나는 게 쉬운 일은 아니었습니다. 중간에 몇 번 늦잠을 자기도 하고, 일어났다가 다시 잔 날도 있어요. 그래도 한 달을 해 보니 앞으로 100일, 1년도 할 수 있겠다는 생각이 듭니다.

매일 새벽 5시에 시작하는 김연지 기자 님의 라방에서 평소 경제, 산업 관련 기사를 쉽게 설명해 주셔서 재미가 생겼어요. 누군가는 밤에 시간을 빼는 것과 새벽에 빼는 것이 뭐가 다르냐고 물을지도 모르겠습니다. 하지만 하루의 시작을 나를 위한 시간으로 보내면 확실히 일에 여유와 활력이 생깁니다.

@rainy210214

매년 새해 목표였던 '영어 공부하기'와 '새벽 기상'. 처음에는 더 잘까, 일어날까, 수십 번 고민하다가 무거운 몸을 이끌고 나왔는데, 언제부터인가 알람이 울리기 전에 눈이 떠집니다. 기상 시간이 오전 5시 30분이었는데, 언제부터인가 오전 4시가 되었습니다.

습관, 일상……. 내가 반복하는 대로 이뤄지는 삶. 매일 하는 루틴이 결국 내가 원하는 나를 만들더군요. 왜 이 재미를 그때는 몰랐을까요.

@sohyun9484

2년 전에 새벽에 수영을 배우면서 일찍 일어나다가 다시 게으른 일상으로 지낼 무렵, 우연히 알게 된 김연지 기자 님의 새벽 라방. 가끔 라방을 하고 자 버리기도 했지만 이제는 몸이 먼저 반응하는 새벽 기상. 혼자 새벽 공기를 마시며 만보 걷는 것도 행복하고 떠지지 않는 눈을 거우 떠서 멍 하니 혼자 앉아 있는 내 모습도 좋아졌습니다.

기자 님의 머슬 대회 영상을 보고 저도 바디프로필을 목표로 운동하려 합니다. 이제부터 PT 트레이너 강사님과 새벽 일상을!

@naturebook4983

유튜브로 '일하다 비 오면 목숨 걸어야 하는 나라', '베이비 박스' 영상을 접하면서 모닝레시피 새벽 기상을 알게 되었어요. 일단 기자 님이 유튜브를 한다는 것이 신기했고 매일 올라오는 영상이 주는 감동도 컸어요. 마침 아들도 기자를 하고 싶다고 해서 더 관심 있게 보다가 새벽 기상까지 참여하게 되었어요.

김연지 기자 님의 인스타그램에서 좋은 글도 접하며 동기부여를 얻고,

새벽 기상을 통해 체질도 바꿔 나가게 되어 좋아요. 앞으로도 좋은 글과 새벽 방송 부탁드립니다.

@essd321

'미라클 모닝'이라는 단어를 우연히 접하고 궁금해서 찾아보다가 김연지 기자 님의 '모닝레시피'로 이어졌습니다. 새벽에 일어나서 인증샷을 찍는 일은 그리 힘들지 않았습니다. 새벽에 김연지 기자 님의 유튜브 새벽 라방을 들으며 우물 안에 있는 저를 봤습니다. 매일 읽어 주시는 넓은 세상 이야기에 호기심이 생겼습니다. '우물 안에 있는 것만 보지 말고 우물 밖의 세상도 볼 수 있는 기회를 잡아 보자'라는 생각이 들었습니다. 그럼에도 여전히 새벽 기상에 대한 부담감이 저를 우물 안에서 안주하게 하는데, 하나씩 습관을 바꾸도록 해 보겠습니다.

@yeo6382

# '엄마'에서 '나'로 살게 하는 미라클 모닝의 힘

나는 만 34년 내내 밤늦게 자고, 아침 늦게 일어나는 '올빼미형 인간'이었다. 그러다 2020년 2월 중순부터 하루도 빠짐없이 새벽 기상을 하고 있다. 새벽 기상을 한다고 하면 주변에서 "기자 님, 새벽에 일어나서 그렇게 많은 일을 하시는 거예요? 일과 육아만으로도 벅찰 텐데, 새벽에 유튜브도 하고, 글도 쓰고, 춤도 추고, 운동도 하고, 오디오 클립도 하고……. 어떻게 다 해요? 정말 대단해요!"라는 반응이 대부분이다. 하지만 나는 한 번도 대단하다고 생각한 적이 없다.

엄마로서 아이를 키우는 일이 무척 행복하지만, 점점 내가 사라지는 일상에서 나를 찾고 싶었다. 딱 한 번뿐인 인생에서 좀 더 나답게 살고 싶다는 생각이 들었다. '엄마' 말고 '나'를 생각하니 하고 싶은 일, 이루고 싶은 일이 가슴속에서 끓어올랐다. 새벽에 일어나 나만의 시간을 갖는 미라클 모닝(Miracle Morning)으로 내 시간을 꼭 사수해야만 했다. 나로서 살지 않는 지금의 내 모습이 아이의 미래가 될 수도 있다는 생각에 정신이 번쩍 들었다. 시간이 흘러 아이에게 "엄마가 너를 키우느라 포기한 게 얼마나 많은 줄 알아?"라고 절대 말하고 싶지 않았다. 훗날 아이에게 웃으며 이렇게 말하고 싶다.

"엄마가 너를 키우면서 엄마 스스로를 놓지 않았더니 더 강해졌어. 엄마만을 위한 시간을 가지면서 자신감이 생겨서 운동도 하고, 공부도 하고, 일도 열심히 했단다. 하루를 일찍 시작했더니 삶에도 여유가 생겨서, 우리 딸이랑 아빠와도 관계가 더 좋아졌지. 엄마의 시간을 이해해 줘서 고마워, 우리 딸."

새벽 기상이 습관으로 몸에 배기까지 세 번의 도전이 필요했다. 침대는 너무나 포근했고, 마시멜로처럼 달콤한 이불은 나를 붙잡고 나가지 못하게 했다. 육아, 살림을 하며 지친 심신으로 도전하는 일이 매우 힘들었지만 도전을 거듭할수록 일어나기 힘든 것보다 새벽이 주는 기쁨이 더 커졌다. 하루에 고작 한두 시간이었지만 이 하루하루가 쌓여 내 삶에 큰 변화를 일으켰다.

하루 중 아이가 잠든 저녁 시간이나 어린이집에 간 낮 시간이 아니라, 왜 하필 새벽이냐는 질문을 할 수 있다. 답하자면 새벽이 에너지가 가장 넘치는 시간이기 때문이다. '에너지 총량의 법칙'에 따라 퇴근하고 나면 내 몸에도 '배터리 충전 요함' 경고등이 뜬다. 무엇보다 아이가 기다리고 기다리던 '엄마 타임'은 퇴근 뒤부터 시작된다. 아이와 저녁 시간을 보내다 보면 체력이 바닥난다. 체력적으로도 심리적으로도 지친, 퇴근(육아 퇴근 포함) 이후보다는 하루의 시작이고 에너지가 가장 넘치는 새벽이 내게는 적합했다.

나만의 미라클 모닝을 '모닝레시피(Morning Recipe)'라고 이름 붙였다. '원하는 인생을 이끌어 내는 아침 요리법'이라는 뜻이다. 새벽에 나를 위한 시간을 먼저 보내고 하루를 시작하면서 얼마나 큰 변화를 이루었는지 모른다. 하루 24시간 중 오롯이 나만을 위한 시간은 커리어, 건강, 대인관계, 직장 생활에서도 엄청난 발전을 가져왔다.

복직한 뒤에도 꾸준히 새벽 기상을 실천하고 있지만, 매일마다 눈이 가뿐히 떠지는 것은 아니다. 아직도 나에게 어려운 일이다. 하지만 분명한 사실은 하고 싶은 일을 할 수 있는 시간이 있다는 것만으로도 내게 위로가 된다는 것. 분주하고 고단한 지난밤에는 나를 잊어버리고 살았지만, 언제나 새벽은 나를 다시 찾도록 도와준다.

이 책에서는 새벽 기상을 통해 내가 꿈꿨던 일을 이루고, 어떤 변화가 있었는지 이야기하고자 한다. 더불어 절대적 시간이 부족한 엄마들에게 시간 관리 비결을 알려 주고 싶다. 내 아이에게 멋진 엄마가 되기 위해, 나 자신에게 떳떳하기 위해 치열하게 시간을 쪼개고, 목표를 세우고, 실천하며 얻은 방법과 깨달음을 담았다. 비단 나뿐만 아니라 세상 모든 엄마에게 필요한 일이라 생각한다. 나를 찾고 싶은 엄마, 하고 싶은 것이 많은 엄마, 시간을 만들었지만 막상 무엇을 해야 할지 모르는 엄마에게 이 책이 도움이 되었으면 좋겠다. 소중한 아이를 키우면서 정작 나를 잃어버린 듯한 엄마가 있다면, 이 책이 나를 찾고 꿈을 이루는 행복한 여정의 나침반이 되기를 바란다.

　모두에게 주어진 체력과 여건이 다르다. 새벽 기상만이 나 자신을 찾는 정답이라는 것은 아니다. 24시간 중 오롯이 나만을 위한 시간을 한두 시간 만들 수 있으면 된다. 어렵게 생각하지 않아도 된다. 온전히 당신에게 집중할 수 있는 시간을 통해 놀라운 하루를 살아보길 바란다.

김연지

# 차 례

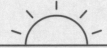

**2장**

# 도전하는 엄마는 이렇게
# 시간 관리한다

-

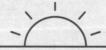

# 3장
# 미라클 모닝을 위한 미니멀 살림

-

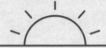

**4장**

# 미라클 모닝으로 시간을 아껴 쓰는 법

-

# 1장

# 엄마도 자기 시간이
# 필요하다

* * *

나는 새벽 4시 30분에 일어나 운동을 하러 간다.
나의 매일 최우선 과제는 신체적으로든 정신적으로든 나 자신을
행복하게 만들어 주는 것이다.

- 미셸 오바마(Michelle Obama), 전 미국 영부인

# 간절한 목표가 새벽을 깨운다

전 미국 영부인 미셸 오바마, 애플 CEO 팀 쿡(Tim Cook), 보그 편집장 애나 윈터(Anna Wintour)의 공통점은 무엇일까? 바로, 새벽 4시쯤에 일어난다는 점이다. 성공한 사람들의 '새벽 4시'를 일컫는 수식어가 있다. 이른바 '염원의 시간' 새벽 4시이다. 이들은 왜 새벽에 일어나고, 이 시간을 잘 활용하려고 했을까?

목표가 있고 간절한 꿈이 있는 사람은 새벽에 일어날 수 있다. 시간을 관리하려는 이유는 단지 시간을 잘 쓰기 위한 것이 아니다. 시간을 잘 써서 목표를 달성하기 위해서이다. 단기적인 것부터 중장기적 목표, 포부, 비전 같은 것이 가슴 속에서 꿈틀댄다면 당신은 이미 새벽 기상 미션의 절반은 성공이다.

## 육아에 치인 워킹맘의 하루

출산을 하고 24시간을 아이와 사투를 벌여 가던 중 아이의 첫돌이 다가오고 있었다. 복직은 약 100일 앞으로 다가왔다. 찬바람이 불기 시작하고, 한 해가 끝을 향해 달려가던 11월의 어느 날. 덜컥 겁이 났다. 복직하자마자 정신없고 실수투성이인 나날을 보내고 싶지 않았다.

아무리 복직한 뒤 모습을 상상해도, 퇴근 후에 하고 싶은 것을 하는 내 모습은 도무지 그려지지 않았다. 모성애가 없는 걸까? 왜 애를 낳았는데도 자꾸 일이 하고 싶을까? 아이는 그 어떤 사람보다 소중하고 사랑스럽지만, 아이를 보느라 하고 싶은 것을 못하면 속상하고 화가 나기도 했다. 늘 그렇게 죄책감과 자괴감 사이에서 방황했다.

아이를 낳기 전에는 완벽한 올빼미형 인간이었다. 새벽 2시는 기본, 3시, 4시를 훌쩍 넘길 때도 많았다. 만나고 싶은 사람도 많고 하고픈 것도 끝이 없다 보니 어쩔 수 없었다. 운동이나 글쓰기, 독서……. 특히 퇴근이 늦어 밤 9시나 10시에 집에 온 날도 그제야 이것저것 못다 한 것들을 하다 보니, 새벽이슬을 마시고 쓰러지다시피 침대에 몸을 던지는 게 일상이었다.

아이를 낳고는 아이가 잠드는 '육퇴(육아 퇴근)'만 기다렸다. 늦은 밤이나 새벽이 되어서야 할 일을 조금이라도 끄적거리다 보니 생활 리듬이 엉망이 되기 시작했다. 밀린 일들을 아이가 잠든 사이 끝내려다 보니 자꾸만 밤을 샜다. 아이는 늘 새벽 6시, 7시면 엄마를 부르며 울었다. 내 수면 시간은 턱없이 부족했다.

악순환의 반복이었다. 아이가 9시쯤 잘 때도 있지만 11시에 잠들 때도 있었다. 지친 몸을 부여잡고 이것저것 하다 보면 또 새벽에나 잠들었다. 당시 내 하루 사이클은 이랬다.

새벽 2시쯤에 잠든다 → 아이 우는 소리에 깬다 → 2~3시간밖에 못 잤다 → 온종일 비몽사몽으로 보내고 아이가 잠들기만을 기다린다 → 아이가 잠든다 → 새벽까지 나의 시간을 보낸다 → 잠든다 → 아이 우는 소리에 깬다

이 상태에서 복직을 한다고 상상해 봤다.

아이가 잠들면 나의 시간을 보낸다 → 잠든다 → 아이 우는 소리에 깬다 → 늦었다 → 아이 밥 차리고 등원시키고 나는 출근한다 → 피로 누적으로 업무에 지장이 생긴다 → 퇴근 뒤 육아 출근 → 아이를 재우고 나의 시간을 보낸다 → 잠든다 → 아이 우는 소리에 깬다 → 늦었다 → 정신없는 아침

아무리 희망적으로 생각하려 해도 복직 후에는 피곤에 찌든 내 모습밖에 떠오르지 않았다. 종일 일하고 퇴근한 뒤 아이를 보고 밥 먹이고 집을 정리하다 보면 과연 내 시간이라는 게 있을까? 정말 육아 선배들의 말대로 내 인생은 끝난 것일까? 여기까지 생각하자, 좌절감이 찾아 왔다.

특히 아침은 늘 정신없고 바쁘기만 하다. 남편도 출근해야 하고 아이 밥 먹이고 등원까지 하게 해야 한다. 아침밥 준비는 크게 어렵지 않다. 정확히는 먹고 난 뒤 치우는 것이 일이다. 바닥도 얼굴도 옷도 엉망진창이 된다.

아이는 기분이 별로이거나 입맛에 맞지 않으면 엄마가 내미는 수북한 숟가락을, 팔로 '탁' 친다. 숟가락에 얹어졌던 밥과 반찬, 촉촉한 국물은, 아이의 손짓에 알알이 부서지며 거실 바닥, 매트 아래, 소파 사이로 침투한다.

내가 할 수 있는 것은 밥 차리기까지일뿐 아이가 밥을 씹고 삼킬 때까지 기다리는 수밖에 없다. 밥 차리고, 먹이고, 씻기고, 옷 갈아입히고, 치우다 보면 한 시간은 순식간에 지나간다. 이 상황에 엄마 아빠도 출근 준비를 하고 아이 등원을 시킨 다음 회사에 간다고? 지각은 불 보듯 뻔했다.

## 엄마 스스로를 돌보는 시간

'엄마가 되었는데도 나만 너무 생각하는 것은 아닐까. 내가 너무 이기적인가?'라고 스스로를 질책하던 어느 날 문득 이런 상상을 했다. 내가 일을 포기하고 아이만 바라보던 날이다. 하루는 아이가 "엄마는 왜 일 안 해?"라고 묻는다.

"그야, 네가 세상에 태어났으니까. 엄마는 좋아하는 것 정도는 포기할 수 있어. 괜찮아, 엄마는 네가 더 소중하니까."

　이렇게 대답하면 과연 아이가 좋아할까? 아이가 고맙다고 할까, 아니면 미안해할까. 365일 24시간 함께 붙어 있는다고 아이에게 필요한 엄마가 될 것 같지는 않았다. 대신 지혜롭고 현명하고 또 용기 있는 엄마가 되어서, 아이가 힘들 때, 또 필요한 순간에 의지가 되고 도움이 되고 싶었다. 딸도 언젠가 육아와 일의 갈림길에 놓였을 때, 망설임 없이 꼭 자신이 진정으로 원하는 선택을 하길 바랐다. 내가 아이에게 더 당당해지기 위해서라도 좋아하는 것, 하고 싶은 것을 놓지 않기로 했다. 나의 현재는 내 딸의 미래이기도 하니까.
　'엄마'와 '나' 사이에서 방황하지 말고 똑바로 서는 것부터 하기로 마음을 먹은 순간, 미라클 모닝은 꼭 지켜야 할 일이 되었다. 엄마가 세상의 전부인 아이가 흔들리지 않도록, 아이만 돌볼 것이 아니라 스스로를 돌보기로 했다. 그렇게 나는 새벽 기상으로 차분히 나를 돌아보고, 나에게 집중하는 시간을 가졌다.

# 실패의 시간을 견뎌라

미라클 모닝을 도전하기로 마음먹은 2019년 11월 어느 날, 새벽 4시 반에 기상했다. 그 전날 일찍 잠에 드는 것부터가 힘들었다. 최소 6시간을 자려면 밤 10시 전후에는 침대로 향해야 했다. 아이를 재우고 밤 10시 반쯤 침대에 누웠는데, 눈이 너무 말똥말똥했다. 정신이 맑아도 너무 맑았다. 잠을 자자니, 명료한 머릿속도 아까웠다.

'거실 청소는 했나? 잠이 안 오니까 청소나 하고 잘까?'
'아, 아니야. 내일 하자. 잠을 푹 자야 내일 하루를 잘 보내지.'
'30분만 청소하고 잘까?'

머릿속에서 두 자아가 말을 주고받는 동안 시간은 계속 흘렀고, 잠들지도, 깨 있지도 않은 상태에서 뒤척이다 겨우 잠들었다.

## 비장했던 첫 번째 미라클 모닝

미라클 모닝 도전 첫날 새벽 4시 반, 침대에서 겨우 기어 나왔다. 일어나기'만' 했다. "평소 잠들던 시간에 일어나다니, 이건 기적이야!" 하고 외치며 주섬주섬 노트를 폈다. 매일 새벽 '확언 노트'부터 쓰기로 다짐해서였다. 첫 줄을 써 내려가자, 눈꺼풀도 내려갔다. 내가 펜을 쥐고 글을 쓰는지, 펜이 나를 쥐고 글을 쓰는지 헷갈렸다.

평생의 숙원 사업, 영어 울렁증을 극복하고 기사감도 잃지 않고자, 아리랑TV 앱을 열었다. 꼬부랑 영어는 더 꼬불꼬불해 보였고, 영어 뉴스는 자장가가 따로 없었다. 그렇게 꾸벅꾸벅 졸던 와중에 아이가 깨면서 나의 첫 새벽 자유 시간은 끝이 났다. 그날은 그렇게 새벽에 일어났다는 것에만 의미를 부여하기로 했다.

정오가 지나니 잠이 몰려왔다. 아이 낮잠을 재우다가 함께 곯아떨어졌다. 밤 9시가 지나니 다시 눈이 말똥말똥해졌다. 그날의 '투두 리스트(To-do list)'를 단 하나도 지우지 못했다. 불안이 급습해 오기 시작했다. 그날 밤 10시부터 '딱 30분만 하고 자야지' 하다가 '조금만 더, 조금만 더'를 외치며 새벽 1시에야 잠이 들었다.

둘째 날도 새벽 4시 반에 일어나기는 했다. 마치 구름 위를 걷는 듯했다. 연이틀 수면 3시간으로 버티며 육아와 집안일을 우격다짐으로 했다. 그러나 정신력은 잠을 이기지 못했다. 비몽사몽한 상태로 낮 시간을 보냈다. 하늘이 깜깜해지자, 내 마음도 깜깜해졌다. 오늘도 아무것도 못한 내 자신이 한심하게 느껴졌다. 결국 아이를 재우고 늦은 밤 또 다시 컴퓨터 앞에 앉았다. 둘째 날도 마음속으로 외친 '딱 30분만'은 3시간으로 이어졌다. 또 다시 자정이 넘었고, 새벽 2시에 겨우 침대로 기어 들어갔다.

셋째 날, 새벽 4시 반 알람이 울렸다. 알람을 끄고 다시 잠들었다.


## 심기일전으로 두 번째 도전

밤을 사랑하던 올빼미형 엄마는 걱정에 휩싸였다. 시간은 어찌나 빨리도 가는지 어느새 2020년 1월 중순이 됐다. 복직하기로 한 3월이 얼마 남지 않았다. 나는 기로에 놓였다. 자정부터 새벽 2시까지 내 시간을 사수하고 낮 동안의 회사 업무 시간은 정신력으로 버티든가, 아니면 내 시간을 포기하고 회사 업무에만 집중하든가를 선택해야 했다. 고민을 많이 했지만 두 가지 선택지 모두 마음에 들지 않았다.

차라리 다시 미라클 모닝에 도전하기로 했다. 자정부터 새벽 2시가 아니라 새벽 4시 반부터 6시 반을 나의 시간으로 만들기로 했다. 아이가 깨기 전에 내 시간을 먼저 가지면, 출근 뒤에도 업무에 집중할 수 있을 것 같았다. 퇴근 뒤에는 아이와 행복한 시간을 보내기로 다짐했다. 아이가 잠들기만을 기다리는 것이 아니라 나 역시 마음 편히 잠들 수 있게 말이다. 그렇게 두 번째 새벽 기상에 도전했다.

2020년 1월 17일, 새벽 4시 27분에 알람이 울렸다. 복직일이 다가와서였을까? 따뜻한 이불 속에 좀 더 머물고 싶은 생각이 들었지만 침대를 박차고 나와야 한다는 새벽 기상에 대한 의지가 첫 번째 도전 때보다 강했다. 기상에 성공했다.

'일단 3일만 더 해 보자.'

다음날부터 '하루만 더 버텨 보자' 하며 이틀, 사흘, 나흘이 흘렀다. 일주일째가 되던 날에는 지난 6일 동안 성공한 미라클 모닝이 아까워서라도 일어나야만 했다. 일주일이 지났다. 처음 시도할 때처럼 눈꺼풀이 그렇게 무겁게만 느껴지지는 않았다. 당시 새벽 4시 반에 일어날 수 있었던 것은 확실히 일찍 잠자리에 들었기 때문인 것 같다.

취침 알람을 밤 9시 30분에 맞췄다. 이 시간에 잠든다면 성인 평균 적정 수면 시간인 7시간을 확보할 수 있었다. 아이가 안 자고 버티느라 밤 9시 반에는 잠들지 못하더라도, 알람과 함께 '하던 일 멈춤' 버튼을 누르기로 했다. 그리고 밤 10시 30분 전에는 무조건 잠자리에 드는 것을 목표로 삼았다. 그러면 수면 시간이 6시간은 보장되는 셈이다.

이렇게 연속 20일 동안 미라클 모닝에 성공했다. 그러나 애석하게도 두 번째 도전도 여기까지였다.

# 구체적인 계획을 세워라

세 번째 도전을 위해 정비에 들어갔다. 서재 겸 작업실을 마련했다. 책상도 바꿨다. 안방이나 거실에서 책을 읽거나 공부하다가, 온전히 나에게 집중할 수 있는 공간을 만들었다. 일어나서 2시간에서 2시간 30분 동안 무엇을 할지에 대한 계획도 세웠다. 할 일 목록을 쓰고 시간을 나눴다. 시간 단위로 목표를 쪼갰다. 혼자서 하는 것보다 새벽에 일어나는 것을 공유하면 꾸준히 할 수 있을 것 같았다. '새벽 기상 인증'을 하기로 했다.

늘 계획대로 되지는 않으리라는 예상도 했다. 아이가 일어나는 시간이 어찌 엄마가 정한 시간대로만 될까. 최대한 마음을 비우려 노력했다. 동시에 아주 절박하게 새벽 기상에 다시 도전했다.

알람도 핸드폰이 아닌 스마트워치로 맞췄다. 스마트워치는 핸드
폰보다 강력했다. 숙면을 방해한다는 핸드폰을 침실로 가져가지
않아도 됐고, 손목에서 요란하게 울리는 진동은 어떻게든 나를 깨
웠다. 그렇게 세 번째 도전을 시작했다.

| 시간 | 할 일 |
|---|---|
| 04:30 ~ 04:40 | 이불 정리 및 세수, 새벽 기상 인증 |
| 04:40 ~ 05:10 | 감사 기도, 요가(명상) |
| 05:10 ~ 05:30 | 확언 노트 쓰기. 혹은 명언 필사 |
| 05:30 ~ 07:00 | 글쓰기, 영상 편집, 영어 중 택 1~2가지 |
| 07:00 ~ 07:30 | 아이 돌보기, 아침 식사 준비 |
| 07:30 ~ 08:00 | 아침 식사, 집 정리, 아이 등원, 출근 |

## 계획을 세워 다시 세 번째 도전

2020년 2월 23일 4시 27분에 일어났다. 나중에 다시 잠들더라도,
일단 이불을 정리하고 이를 닦고 세수부터 했다. 그리고 매일 같은
시간에 일어나 동영상을 찍었다. 새벽 기상 인증은 의무감과 책임
감을 끌어올렸다. 30일이 지났다. 해냈다.

3월 5일이 복직 예정일이었는데, 코로나바이러스감염증-19(이하
코로나19)로 어린이집이 휴원했다. 있는 휴가 없는 휴가 다 끌어 써서

일단 되는 데까지 막았다. 그러나 코로나19는 종식되지 않았다. 어쩔 수 없이 어린이집 긴급 돌봄을 맡겼고, 3월 23일 복직했다. 새벽 기상을 세 번째 도전한 지 딱 한 달 만이었다.

새벽 4시 반, 잠들던 시간이 일어나는 시간으로 바뀌는 데는 약 3달이 걸렸다. 작심삼일도 서른 번 했더니 몸이 기억한 것 같다.

새벽에는 명상도 하고, 글을 쓰고, 책도 읽고, 운동도 하고, 영상 편집도 한다. 이렇게 하고 싶은 일로 하루를 시작하면 엄마로도, 기자로도 살면서 '진짜 나'로도 살고 있다는 확신이 든다. 이 확신은 하루를 이미 승리한 듯한 근사한 기분과 자신감을 준다. 아이가 잠에서 깨면 내 시간은 끝나지만, 그래도 겨우 아침 7시이다.

"조금도 피곤하지 않아요"라고는 말하지 못하지만, 새벽 기상은 홀가분하게 하루를 시작해 여유로운 저녁을 선사했다. 퇴근 뒤에는 갑자기 일이 생길 때만 빼고는 노트북을 되도록 켜지 않는다. 저녁에는 남편과 아이에게 더 집중하며 사랑하는 가족과 행복한 시간을 보내고 있다.

# 플래너와 확언 노트를 활용하라

많은 사람들이 새해마다 목표를 세우고, 플래너도 사고, 헬스클럽도 등록하고, 혼자서 힘들 것 같으면 모임에도 나간다. 그러나 왜 새해 결심은 늘 작심삼일로 끝날까? 왜 연말까지 결심을 밀고 나가지 못할까?

시간도 한정되어 있지만, 사람이 쓸 수 있는 에너지도 한계가 있다. 이른바 '에너지 총량 법칙'이다. 보통 직장인의 경우, 일하다 보면 다른 일을 해낼 시간과 여유가 없기도 하다. 출장도 가야 하고, 옆 부서의 일이 넘어오기도 한다. 야근으로 귀가 시간이 늦어지기도 하고, 몸과 마음은 녹초가 되어 버리는 일이 허다하다. 이 상황에서 심신을 가다듬고, 내가 따로 세웠던 목표에 정진하기에는 몸이 마음만큼 따라 주지 않는다. 아이가 없는 직장인도 이러한데, 하물며 워킹맘은 어떨까?

육아와 일을 병행하는 워킹맘에게는 목표한 것을 해낼 시간이 정말 충분치 않다. 육아를 하다 보면 다른 일에 열정을 쏟을 수 있는 에너지가 모자란다. 워킹맘은 직장에서 퇴근과 동시에 집으로 출근한다. 이제부터는 육아가 시작된다. 업무 시간을 제외한 출근 전, 퇴근 후 하루의 시작과 끝을 모두 내 스스로 컨트롤할 수 있으면 금상첨화겠지만, 대부분 워킹맘들은 퇴근하더라도 자유가 그리 호락호락하게 허락되지 않는다. 종일 엄마를 기다린 아이와 산더미 같은 집안일이 기다리고 있다.

## 에너지를 전략적으로 쓰기 위한 시간 설정

워킹맘인 내게 새벽 시간을 활용하는 것은 하고 싶은 일을 할 수 있는 '기회'였다. 일하다 보면 당장 해야 할 일이 끝나지 않을 수도 있고, 갑자기 오후 미팅이나 저녁 회식이 잡힐 수도 있다. 그러면 퇴근 뒤에 개인적으로 할 일을 계획했다고 하더라도 미룰 수밖에 없다. 또 무사히 정시에 퇴근을 했더라도 하루를 그대로 마무리하는 것이 아닌 무언가를 새로 시작하기에는 체력적으로도 버겁다. 손이 한창 필요한 어린 내 아이도 돌보고 사랑해 줘야 한다.

새벽은 업무나 육아, 집안일로 몸과 마음이 지치기 전에 나에게 오롯이 집중할 수 있는 가장 좋은 시간이었다. 아이가 깨기 전, 매일 새벽 2시간만이라도 내가 좋아하는 것, 하고 싶은 것을 하자고 결심했다. 아이에게도 좋은 일이었다. 아침에 눈 뜨자마자, 피곤에 절은 엄마 얼굴이 아니라, 성취감으로 가득 찬 웃음 가득한 엄마 얼굴을 마주할 테니 말이다.

새벽에 일어나서 하는 일은 거창하고 대단한 일이 아니다. 그저 내가 원하는 모습으로 살기 위해 지금껏 해 오던 것, 스스로 가치 있다고 여겨 온 것, 일상에 보람과 즐거움을 주던 것들이다. 그것은 잃어버렸던 일상을 찾는데 많은 도움이 되었다. 퇴근 후보다는 출근 전이 방해받지 않아 시간 관리도 쉽고, 체력도 컨트롤하기 수월했다. 새벽에 무엇을 할지 플래너에 꼼꼼히 적었다.

## 목표를 생생히 그리는 플래너

플래너를 쓸 때, 그저 내일 할 일을 나열하는 데 그치면 동기부여가 잘 되지 않는다. 내가 해야 할 일을 적으면서 그 일을 왜 하고 어떻게 해야 하는지를 나만의 문장으로 다듬어야 한다. 이는 '반드시 이루고 마는 계획'으로 구체화된다.

당장 눈에 보이는 성과가 없다고 해도, 그간 무엇에 도전했고 그

🕐 꿈꾸는 엄마의 미라클 모닝

것을 이루기 위해 어떤 시도를 했는지 담긴 나만의 기록이 된다. 모든 과정을 머리로는 기억하지 못하지만, 노트가 대신 증명한다. 무엇이 효과가 있었고, 미흡했는지 알 수 있고, 놓쳤던 실수를 발견하기도 한다. 필요에 따라 계획을 변경하고 수정하는 데 그 어떤 것보다 현실적인 조언이 된다.

기록하는 일은 우울한 감정과 부정적인 생각을 내 안에 꽁꽁 담아 두지 않고, 밖으로 꺼내 시각화하는 과정이다. 이전에는 실패나 좌절을 겪을 때마다 감정이 요동치고, 꼬리에 꼬리를 무는 부정적인 생각에 정처 없이 끌려 다녔다면, 단지 몇 글자 끄적이더라도 현재 어떤 기분인지, 어떤 부분에서 혼란을 느끼는지 조금 더 객관적으로 문제를 바라볼 수 있게 된다.

## 꿈을 이루는 확언 노트의 힘

플래너와 확언 노트를 쓰면서 내 꿈을 이루기 시작했다고 해도 과언이 아니다. 확언 노트에는 '~할 것이다'가 아닌 '~했다'로 이루고 싶은 미래를 구체적으로 적는다.

많은 자기계발서에서 종이에 자신이 희망하는 일, 꿈을 구체적으로 쓰기만 해도 이뤄진다는 말은 사실이었다. 성공한 사람들이 꿈을 구체적으로 쓰고 눈앞 곳곳에 붙여 놓고 입으로 되뇌었다는 데는 그만한 이유가 다 있었다. 그들은 목표를 설정하고 그것을 시각화함으로써, 앞으로 해야 하는 모든 일이 그 목표에만 집중하도록 뇌에 각인시킨 것이다.

　당신에게도 이루고 싶은 꿈이 있는가. 꿈이나 목표가 있다면 이를 이루기 위해 계획해 보라. 자신에게 맞는 시간대를 정하고, 목표를 구체화해서 적는다. 그리고 확언 노트로 긍정의 힘을 더해 보라.

# 엄마의 시간을 포기하지 않는다

내게 '엄마'는 '질문'이었다. 16시간 진통 끝에 핏덩이를 품에 안은 감격의 순간, "너, 이제부터는 어떻게 살 거야?"라는 질문이 눈치도 없이 찾아왔다. 뜨끈뜨끈한 아이가 얹어진 내 가슴은 터질 듯 벅차 오르는데, 머릿속에서는 느닷없이 던져진 질문이 꼬리에 꼬리를 물고 이어지더니 실타래 엉키듯 꼬이기 시작했다.

드러누워서 팔다리만 꼼지락거리며 울기만 하던 아기가, 방긋 웃기도 하고, 뒤집기를 하고, 온 집안을 배로 쓸고 다니며, 엄마 주먹만 한 발로 중력을 거슬러 지구를 밟고 일어서는, 그런 감히 말로는 표현 못할 감동의 순간에도 아이를 얻은 기쁨과 나를 잃어버릴 것 같은 두려움은 항상 맞닿아 있었다.

1분 아니 1초 뒤도 예측할 수 없는 인간 엄마이지만, 한 가지만큼은 확실히 알고 있었다. "나는 절대 2018년 12월 5일, 내 아이가 태어나기 전의 삶으로 돌아갈 수 없다는 것"을 말이다.

그전까지는 처절하리만큼 간절히 엄마가 되고 싶었다. 엄마가 될 수만 있다면 뭐든 할 수 있을 것 같았다. 그런데 엄마가 되고 나니 불안해졌다. 엄마만 남고 나는 없어질 것 같았다.


## 5년을 기다린 아이

어릴 때는 나이를 먹으면 누구나 엄마가 되는 줄 알았다. 그러나 2013년 4월 결혼식을 올리고, 5번의 결혼기념일을 챙기는 동안에도 나는 엄마가 되지 못했다. 엄마는 '선택받은 자'였다. 나는 5년간 선택받지 못한 '탈락자' 신세였다.

누구보다 간절히 아이를 원했다. 그러나 어제도 오늘도 늘 분주하기만 했던 하루는, 주장을 입증할 만한 근거로서의 자격을 갖추지 못했다. 바쁜 엄마가 나쁜 엄마는 아니다. 그러나 바쁘게 하는 것들에 대한 '포기'를 선언해야 비로소 '착한 엄마'가 될 수 있을 것만 같았다. 늘 그렇듯 오답투성이 답안지만 들고 있을 뿐이었다.

'내가 정말 엄마가 될 자격이 없어서, 어떤 아이도 내 뱃속으로 와

주지 않는 걸까?'라고 아직 품지도 않은 아이에 대한 죄책감은 커져 갔다. 그저 열심히 살고, 주어진 삶에 최선을 다할 뿐인데, 기다리는 아이 앞에서는 한없이 작아지고 초라해져만 갔다. 시간은 자꾸 흘렀고, 매달 엽산과 두세 개의 임신 테스트기 값만 나갔다.

아이 없이 사는 것도 나쁘지는 않다고, 사람이 나고 죽는 것이 인간의 뜻대로 되지 않으니 아이를 얻지 못하는 데도 신의 뜻이 있을 것이라고 스스로를 위로했다. 노산의 나이에 가까워질수록, 아이를 기다리던 간절함을 내려놓았다. 그러던 어느 날, 결혼 5주년 기념일을 딱 열흘 앞두고 아이의 존재를 알게 되었다. 계속되는 저릿한 통증에 '자궁에 무슨 문제가 있나' 하고 걱정하며 찾아 간 산부인과에서 3밀리미터짜리 아기집을 발견했다. 엄마는 되고 싶었지만 '엄마 됨'을 포기하던 자궁 속에서, 아이가 저 혼자 집을 짓고 있었다. 그렇게 그토록 기다리고 바라던 엄마가 되었다.

## 생각과 달랐던 엄마가 되는 과정

여성에서 엄마가 되는 과정은 결코 아름답지 않았다. 하루에 열댓 번 넘게 토하던 고된 입덧부터, 제모·관장·내진의 3대 굴욕을 거쳐 딱 죽기 직전만큼의 진통을 견뎌 내야 했다.

아이가 뚫고 나온 아랫도리 통증이 가시지도 않은 상황에서, 젖

몸살이라는 게 또 시작된다. 양 가슴에 불타는 벽돌을 매달아 놓은 듯한데 이걸 그대로 뒀다가는 댐이 수압을 견디다 못해 터져 버리 듯, 가슴을 뚫고 나올 듯한 고통을 안겨 준다. 앉을 때마다 '악' 소리 나는 하체의 고통만으로는 감히 '엄마 됨 관문'을 통과시킬 수 없다 는 듯, 상반신에도 공평하게 통증이 찾아왔다.

10개월만 버티다 낳으면 끝인 줄 알았는데, 터널 속 끝을 예고하 는 빛 한 줄기 보이지 않았다. 몸은 위아래 다 성치도 않았는데, 하 고 싶은 것보단 '해야만 하는 것'이 기다리고 있었다. 2~3시간마다 수유하고, 유축하고, 그 사이 사이에는 아이 밥을 주기 위해 내 밥 을 챙겨 먹고, 돌아서면 우는 아이를 달래고, 잔다 싶으면 집안일 좀 하다가, 밥 주고 내 밥 먹고 유축하고 아이를 씻기면 하루가 끝 났다.

잃은 것도 많다. 살이 찌고, 여기저기 터지고, 탄력도 없어지고, 관절이란 관절은 목, 어깨, 허리, 무릎부터 손목, 손가락 마디까지 다 아프다. 이가 시려 그 좋아하던 아이스크림마저 멀어졌다.


## 내가 사라질 것 같은 불안함

육아의 시계는 특별하다. 하루는 지겹도록 긴데, 일주일은 눈 깜 짝할 사이에 지나간다. 한 달은 순식간이다. 이번 단계에서 적응할 만하면 아이는 무섭게 커 버린다. 다음 단계로 갈 마음가짐도, 장비도, 지식도 아무 것도 없는데, 아이만 레벨업된다. 아이의 눈높이를 맞춰 주지 못하는 엄마는 '미안해'라는 말을 입에 달고 산다. 죄책감 속에서 엄마의 시계는 복직 디데이를 향해 달려 간다.

우는 아이를 겨우 달래면 정적이 흐른다. 이 틈을 놓칠세라 불안감이란 불청객이 급습한다. 바로 '나란 사람이 없어지는 것' 같은 불안함이다.

출산 전 알고 지내던 모든 사람의 기억 속에서 잊히는 것 같고, 복직하면 내 자리가 없을 것 같은 느낌. 이제 겨우 아이를 낳고 산후조리원에서 나왔고, 복직이 1년도 넘게 남았는데 닥치지도 않은 미래에 대한 불안감들이 나를 괴롭혔다.

젖을 물리면서도 한 손으로는 핸드폰으로 기사를 검색하고, '이런 건 유튜브로 만들면 좋을 텐데', '이런 사안은 누구를 만나면 좀 더 깊은 얘기를 들을 수 있을 텐데' 하는 생각들로 머릿속이 복잡했다.

내 품에 안겨 젖을 먹는 아이의 모습은 한없이 사랑스럽고 말 그대로 눈에 넣어도 하나도 아프지 않을 것 같았다. 그러나 아이의 모습에 취해 있다가도 정신이 번쩍 들었다.


'이렇게 아이만 보고 있어도 되는 걸까? 지금까지 내가 해 온 노

력이 물거품이 되는 것은 아닐까? 앞으로 15개월의 공백은 어떻게 하지?'

하지만 기적처럼 찾아와 준 기특한 아이에게 "너 때문에 힘들다" 하는 듯한 모습은 절대 보여주고 싶지 않았다. "네 덕분에 엄마는 더 행복해졌어"라는 모습을 반드시 아이에게 보여 주리라 마음먹었다. 아이가 있어 더 멋지게, 행복하게 살 수 있는 엄마임을 증명하고 싶었다.

# 꿈꾸는 엄마를 위한 시간 관리 Tip

### 1. 기도나 요가로 명상하기

성공한 사람들은 아침을 10분에서 30분 정도의 명상으로 시작한다. 명상은 일상의 스트레스로부터 벗어나 현재 있는 순간을 느끼고 자신의 내면을 돌아볼 수 있는 좋은 방법이다. 요즘에는 명상 앱이 많으니, 혼자 하기 어렵다면 명상 앱의 가이드를 따라 해도 좋다.

### 2. 좋은 글이나 명언 필사하기

좋은 글이나 명언을 필사하면 일상생활에서 잠재의식, 그중에서도 부정적인 생각을 컨트롤할 수 있다. 좋은 글이나 명언을 손으로 적으며 의식을 긍정화하라.

### 3. 플래너 쓰기

좋은 글이나 명언, 확언 노트 쓰기와는 다르게, 플래너를 쓰는 일은 하루를 계획하고, 또 계획대로 잘 보냈는지 확인하는 용도이다. 어느 정도 예측 가능한 하루를 대비하고, 변수가 생겨도 주도적으로 컨트롤할 수 있다. 목표한 대로 이루었을 때 성취감은 배가 된다.

플래너를 쓸 때, 그저 내일 할 일을 나열하는 데 그치면 동기부여가 잘 되지 않는다. 내가 해야 할 것을 왜 하고 어떻게 해야 하는지를 나만의 문장으로 기록한다. 플래너에 쓴 문장은 '반드시 이루고마는 계획'으로 구체화된다.

## 4. 확언 노트 쓰기

할 엘로드(Hal Elrod)의 《미라클 모닝 밀리어네어》을 따르면, 확언을 할 때에 다음의 5단계에 걸친 구체적인 방법을 따르면 좋다고 한다.

① 목적의 시각화: 가장 중점적으로 개선해야 할 것에 대한 확신의 말을 만드는 것이 좋다. (예: 나는 살을 뺐다)

② 질문 찾기: 왜 이러한 삶을 원하는지, 근본적인 이유를 파고든다. (예: 출산 후 찐 살이 빠지지 않아 자존감이 떨어지고, 건강이 나빠졌다. 그래서 살을 빼야겠다)

③ 존재의 정의: 어떤 존재가 되어야 하는지, 되고 싶은지 정의한다. (예: 몸무게를 감량하고 건강하고 아름다운 존재가 되고 싶다)

④ 작은 시작: 계획은 현실적이고 구체적으로 작은 것부터 시작해야 한다. (예: 앞으로 엘레베이터를 타지 않고, 계단으로 다니면

서 몸을 움직여야겠다)

⑤ 영감을 주는 명언: 이를 확신의 말에 덧붙이면 좋다. (예: "조금만

체력을 키울 기회가 생기면 인생의 평범한 경험들이 얼마

나 상쾌해지는지 놀라울 따름이다." - 프랭크 더프)


## 5. 운동하기

하루 10분이라도 운동하기를 권한다. 아침에 일어나자마자 하면
더 좋다. 이는 잠자는 동안 느려진 심장박동과 혈액 순환 속도를 높
이고, 폐에 새로운 산소를 채워 준다. 어느 시간대이든지 상관없이
자신이 투자할 수 있는 단 10분만이라도 운동을 하라. 우리 몸을 돌
보고 관리하는 것은 우리 자신에 대한 예의다.


## 6. 독서하기

독서는 하루 10쪽을 해도 충분하다. 하루 10쪽이 1년 모이면
3,650쪽. 200쪽짜리 책으로 쳤을 때 무려 1년에 18권 이상의 책을
읽는 셈이다. 이에 대해서는 《미라클 모닝 밀리어네어》에도 잘 나
와 있다.

책은 읽음으로써 인생의 지혜를 얻고, 이미 성공한 사람들의 길
을 수월하게 따라갈 수 있는 지략을 알려 준다. 물론, 재미만을 위
해서도 읽을 수 있다. 각자 자신의 성향이나 상황에 맞게 책을 읽으

면 된다. 어떤 책을 읽어야 할지 모르겠다면 베스트셀러부터 시작
해 보는 것도 좋다.

### 7. 감사 일기 쓰기

매일 감사한 일을 3가지 기록하면 하루의 삶이 긍정적으로 변한
다. 손으로 적어 나가면서 마음이 정리되고, 하루를 살아갈 에너지
를 내면에서부터 찾아낼 수 있다. 감사 일기를 쓰다 보면 평범한 일
상도 다르게 보는 시각을 기를 수 있으니 꼭 추천한다.

# 2장

# 도전하는 엄마는
# 이렇게 시간 관리한다

★ ★ ★

"일상에서 유일하게 일관된 스케줄은 기상 시간뿐이다.

방해를 받지 않고 생각할 수 있다는 점에서

새벽은 가장 생산적인 시간이다."

- 샐리 크로첵(Sallie Krawcheck), 엘레베스트 CEO

# 급한 일 말고 중요한 일을 하라

자기계발 베스트셀러의 최고로 꼽히는 《성공하는 사람들의 7가지 습관》의 저자 스티븐 코비(Stephen Covey)는 "시간을 잘 관리한다는 것은 단순히 할 일 목록을 만들고, 이를 하나씩 지워 나가는 것을 의미하지 않는다"라고 지적한다. 대신 "계획하고 우선순위를 정하고, 효율적으로 일하고, 다른 사람에게 일을 넘겨주는 법을 아는 것이 시간 관리"라고 정의한다.

그러면서 시간 관리 훈련으로 한 가지 방법을 제안한다. 종이에 영역을 4군데로 나누어 각 영역에 따라 관리할 특정 활동들을 채워 넣는다. 이것이 코비의 '시간 관리 매트릭스'다.

1영역에는 기간이 정해진 일, 전기세를 미납해 끊어지지 않도록 납부를 하는 일, 질병, 사고 등이 있는데 직장인의 경우 주로 회사 일이 대부분을 차지한다.

2영역은 1영역만큼 당장 처리할 필요는 없지만, 내 삶의 질과 행복을 위해 중요한 것이다. 건강을 위한 운동, 건강한 식단, 독서, 명상 등이 있다.

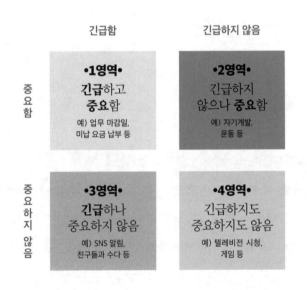

|  | 긴급함 | 긴급하지 않음 |
|---|---|---|
| 중요함 | **•1영역•**<br>**긴급**하고<br>**중요함**<br>예) 업무 마감일,<br>미납 요금 납부 등 | **•2영역•**<br>긴급하지<br>않으나 **중요함**<br>예) 자기계발,<br>운동 등 |
| 중요하지 않음 | **•3영역•**<br>**긴급**하나<br>중요하지 않음<br>예) SNS 알림,<br>친구들과 수다 등 | **•4영역•**<br>긴급하지도<br>중요하지도 않음<br>예) 텔레비전 시청,<br>게임 등 |

3영역은 습관적으로 늘 하지만 당장 필요하지 않은 일이다. 소셜 미디어 업로드, 친구들과 하는 수다 등이다.

4영역은 중요하지도 급하지도 않은 일이다. 기본적으로 무의미한 일이다. 텔레비전을 무의식적으로 본다든지, 심심풀이로 문자를 주고받는 것, 필요하지도 않은 물건을 사기 위해 온라인 쇼핑을 하는 것 등이다.

많은 사람들이 1영역과 3영역을 혼동하고 있고, 그다지 중요하지 않은 일을 긴급한 일에 넣는다. 나를 위한 시간을 제대로 쓰려면 집중해야 할 곳은 2영역이다. 긴급하지 않으나 중요한 일이야말로 인생의 행복을 가져다주는 것이고, 나의 성공을 이끄는 것이다.

많은 사람들은 눈앞에 불을 끄기 위해 당장 급한 일만 한다. 이 급한 일은 나의 행복이나 개인의 성공과는 거리가 있다. 대부분 회사 일이고 지시받은 일이다. 급한 일을 하면 늘 바쁘고 분주한데, 막상 끝내고 보면 지금껏 해 온 것은 없고, 성과를 내지 못했다는 생각이 들기 마련이다.

내가 성장하고 인생의 최고점을 찍기 위해서는 2영역에 주목해야 한다. 그러나 이것을 업무 시간에 하기는 힘들다. 자녀가 어리면 부모의 손길이 더 필요하기에 더 힘들다.

그래서 성공한 사람들 대부분이 새벽에 일어나 하루를 먼저 시작하는 것이다. 아무도 방해하지 않는 새벽에 2영역의 영역을 먼저 끝낸다. 이런한 삶의 습관을 기르는 것은 나의 성장, 그리고 행복과 곧 직결된다. 이미 성공한 사람들의 미라클 모닝은 그들의 삶으로 결과를 증명한다.

## 내 인생에서 가장 중요한 일을 하라

인생은 '한 방'이 아니라, 단 '한 번'이다. 그러기에 육아나 일 때문에 좋아하는 것, 하고 싶은 것을 미루지 않기를 바란다. 시간은 절대 기다려 주지 않는다. '지금은 힘들지만 육아휴직하면 해야지', '이 부서에서는 어렵지만 다른 부서로 인사 발령이 나면 그때부터 할 거야', '이직하면 해야지', '이사 가면 해야지'와 같은 미루는 생각은 결국 우리의 인생 자체도 미루게 한다.

인사 이동이 있거나 이직하면 새로운 곳에 적응해야 하니 당연히 바빠질 수밖에 없다. 결혼하면 마냥 좋고 안정감이 밀려 올 것 같지만, 생각지도 못한 많은 일이 생긴다. 특히 가족이 늘어난 만큼, 명절부터 양가 부모님 생신, 기념일, 경조사 등 집안일이 덩굴째 들어온다. 이사도 내 몸뚱이의 거처만 옮기는 게 아니다. 해야 할 일이 무수히 많다. 명심하라. 미루는 것은 쉽고, 나중에 또 미룰 수 밖에 없는 일이 등장한다.

언젠가 상황이나 환경이 바뀌면 하겠다는 것은 '결국 하지 않겠다'라는 말과 같다. 아무런 걱정과 고민 없는 상태에서 꿈꿔 왔던 일을 할 수 있는 상황이 언제 올지는 아무도 모른다. 또 실제 그런 상황이 오더라도, 또다시 미룰 핑계가 생긴다. 어떤 목표라도 일단 맞닥뜨리면, 결국 어떻게든 해낼 수 있도록 길이 열린다. 간절히 하고 싶다면, 그 절실함이 어떻게든 할 수 있는 방법을 찾아내도록 나를 이끈다. 주변에서 조력자가 나타나기도 한다.

한가한 때란 없다. 내게 남은 날 가운데 가장 젊은 오늘이, 꿈을 이루기에 가장 한가한 때이다. 지금 당장 시작하라. 한가해지면 좋아하는 일을 한다는 생각은 좋아하는 일에 대한 실례이다.

# 확실하게 새벽을 깨워라

꿈꾸고 원하는 것을 이루기 위해 미라클 모닝을 실천하기로 마음 먹었다면, 새벽 기상을 돕는 7가지 방법에 대해 주목하자.

### 1. 내일을 계획하고 잠든다

다음날 하루를 어떻게 보낼지를 적고 자는 것과 그냥 자는 것은 상당한 차이가 있다. 전날 계획하고 잠들면, 다음날 새벽에 눈 떠지는 속도부터 다르다. 늘 반복되는 루틴이니 괜찮겠다 싶어 준비 없이 잠들었다가는 다음날 침대에서 나오는 것부터 사투를 벌여야 한다. 단순히 미라클 모닝 자체가 목표가 되어서는 안 된다. 내 삶에 변화를 주려면, 매일 마주하는 새벽 시간을 얼마나 일관되고 알차게 보내는지에 달렸다. 적어도 힘들게 일어난 새벽에 졸기만 하거나, 무심코 켠 핸드폰을 계속 붙들다가 흘려보내는 일은 없어야 한다. 전날 계획을 세우는 것만으로 새벽의 1분 1초를 귀하게 다루는 자세가 생긴다.

전날 플래너를 쓰면서 계획을 수행하는 내일을 상상하는 것은 이미 이룬 듯한 성취감을 준다. 이는 자신감과 긍정적인 마음으로 이어지고, 다음날 그 어려운 것을 또 해내는 나를 발견하게 한다.

## 2. 스마트워치 알람을 이용한다

스마트워치의 도움을 받으면 좋다. 일단 손목에서 스마트워치의 진동이 정신없이 울려대니 안 깰 수 없다. 예전에는 이걸 차고 어떻게 잠드나 했는데, 습관이 되니 할 만하다.

스마트워치의 가장 큰 장점은 스마트폰을 침실에 들고 가지 않아도 된다는 점이다. 잠자리에서 스마트폰을 보는 것은 수면의 질을 떨어뜨린다. 또 스마트폰 알람이 울리면 남편이나 아이의 단잠을 깨울 수 있다.

싱글이라면 시끄러운 알람 시계를 침대에서 되도록 멀리 두어 이불 밖으로 나와 요란한 알람을 끄면서 곧바로 일어나는 것도 방법일 테지만, 어린 자녀가 있는 엄마라면 알람 시계는 선택지에서 빼는 게 평온한 새벽에 도움이 되겠다.


### 3. 세수와 양치를 한다

세수는 항상 찬물로 한다. 찬물 세수가 잠 깨우는 데 탁월한 것도 있지만, 찬물로 세수하면 피부가 좋아진다고 하니 일석이조이다. 실제로 새벽 기상을 시작한 뒤 "피부가 좋아졌다"라는 말을 많이 듣고 있다. 참고로 나는 최저가 검색 비교에서 양 많고 저렴한 화장품을 쓴다.

세수와 함께 양치를 하는 이유는 잠을 깨기 위한 것도 있지만 그 다음에 물을 마시기 위해서이다.


### 4. 물을 마신다

공복에 마시는 물 한잔은 수명을 늘린다고 할 정도로 몸에 좋다고 한다. 잠든 장기를 서서히 깨워 주는 역할을 해 준다. 그래서 소화도 돕고 활력을 불어넣는다고 한다. 차갑거나 뜨거운 물보다는 미지근한 물이 좋다.

## 5. 귀 마사지를 한다

귀는 인체의 축소판이라 불린다. 귀를 접기도 하고 아래위로 옆으로 당겨 주고 귓불도 만져 주면서 부드럽게 마사지한다.


## 6. 림프 마사지를 한다

귀 마사지를 한 뒤 자연스레 목을 타고 내려오면서 주무르면 된다. 턱 끝과 귀가 연결되는 곳부터 손끝으로 꾹꾹 누르거나 검지와 엄지 중지를 사용해 꼬집듯이 만지는 것도 좋다. 그리고 쇄골을 따라 파인 곳도 꾹꾹 누른다. 한 쪽 팔을 들고 반대쪽 손으로 겨드랑이를 주무르거나 주먹을 쥐고 콩콩 두들기는 것도 몸을 깨우고 혈액 순환에도 좋은 방법이다.


## 7. 햇빛을 본다

나는 새벽 4시 반에 일어나서 기도, 요가, 명상을 마친 뒤 항상 커튼을 걷는다. 새벽 라이브 방송이 끝날 무렵부터 동이 트는 게 보인다. 아침이 밝아 오는 느낌, 내가 먼저 아침을 마중 나간 듯, 더 반갑고 가슴 벅찬 그런 느낌이 든다. 실제로 아침에 일어나 햇빛을 받으면 에너지도 생기고 건강에도 좋다고 한다.

# 잠자리 루틴을 만들라

새벽에 일어나려면 잠을 줄이는 것이 아니라 일찍 잠들어야 한다. 순조로운 '기상 루틴'을 이끄는 것은 잘 짜인 '잠자리 루틴'이다. 잠자리 루틴 중에서 가장 중요한 것은 뭐니뭐니 해도 '일찍 자는 것'이다. 잠을 줄이는 활동은 단기간은 가능할지 몰라도, 오래 지속하기가 어렵다. 잠을 못 자면 피곤이 가시지 않기에 업무 생산성도 떨어진다. 짜증이나 신경질을 내는 횟수가 잦아지면서 아이에게나 남편, 또는 직장 선후배 사이의 관계가 깨질 수도 있다.

수면 전문가들은 성인은 보통 7시간은 자야 한다고 말한다. 그러나 8시간은 자야 피곤이 해소되는 사람, 5시간만 자도 괜찮은 사람이 있는 것처럼 사람에 따라 적정 수면 시간이 다를 수도 있다. 그래서 기상 시간을 정한 뒤 자신의 수면 패턴에 맞춰서 취침 시간을 앞당기면 된다. 내 경우는 6시간의 수면이면 충분하다. 새벽 4시 반에 일어나니 최소 6시간의 수면 시간을 확보하려면 밤 10시 반에는 잠들어야 한다. 그래서 내 취침 준비 알람은 밤 9시 30분부터 울린다.

## 1. 취침 알람이 울리면 일단 멈춰라

일어나기 위해 기상 알람을 맞추는 것처럼 잠자리에 잘 들기 위해 취침 알람을 맞춘다. 취침 알람이 울렸을 때 당장 침대로 향하면 좋겠지만, 아이가 잠들지 않으면 엄마에게는 불가능한 일이다. 대신 취침 알람이 울렸을 때는 하던 것을 모두 멈춘다. 이제부터는 남은 하루를 마무리하고, 내일을 준비하기 위한 재정비 시간이다.

올빼미형 인간에게 가장 필요한 것은 '절제'이다. '지금 정신이 너무 말짱하고 머리가 이렇게나 잘 돌아가는데 여기서 멈춰야 한다니! 조금만 더 하면 다 끝낼 수 있을 것 같은데!'라는 생각 때문에 취침 알람이 울리는 밤 9시쯤에는 하던 일을 도무지 놓기 힘들다. '5분만 더', '10분만 더'를 외치다 보면 금새 자정을 넘기고 말 것이다. 이는 다음날 기상 루틴의 상쾌한 기분을 반감시킨다. 어젯밤에 겨우 5분 일찍 잠들지 못했을 뿐인데 하루가 엉망이 되기도 한다.

## 2. 30분 일찍 침대로 향하라

시간은 한정되어 있다. 제한된 시간에 계획한 일을 해내려면 결국 효율을 올려야 한다. 그래서 충분한 수면이 중요하다. 잠을 줄이려 하지 말고 깨어 있는 동안 더 집중해 많은 일을 끝내는 것이 업무 효율에도, 건강에도 좋다. 평소 자던 것보다 30분 일찍 잠들어 보라. 다음날 새벽이 주는 에너지가 달라질 것이다.

일찍 일어나는 것보다 일찍 잠드는 것이 더 어렵다. 새벽 2~3시쯤 자던 사람이 '나도 내일부터 새벽 기상 해야지'라고 결심하고 밤 9시에 눕는다고 해도 곧바로 습관을 바꾸기란 힘들다. 침대에서 뒤척이다 원래 잠들던 새벽 2~3시쯤 잠들 것이다. 며칠 정도야 정신력으로 어떻게든 일어나 보겠지만, 얼마 뒤 '하, 역시 난 안 돼'라고 포기하고 만다. 새벽 2~3시쯤 자던 사람이 갑자기 3시간 일찍 잠드는 것은 신체 리듬을 하루아침에 바꿔야 하는 셈인데 이는 결코 쉽지 않다. 미라클 모닝을 실천하기로 결심했을 때, 내일부터 당장 바꾸면 좋겠지만, 사람마다 생활 패턴이나 체력이 다르니 자신의 상황을 잘 고려해야 한다.

만약 평소 새벽 1시에 잠들고 아침 8시에 일어난다면 내일부터 일주일 동안은 밤 12시 30분에 잠들고 아침 7시 반에 일어나 보자. 그리고 그 다음 일주일은 밤 12시에 잠들고 아침 7시 기상. 그 다음 일주일은 밤 11시 반 취침, 아침 6시 반 기상, 이런 식으로 생체 리

들을 옮겨 가는 기간을 가진다. 금방 익숙해진다면 3~4일 간격으로 30분씩 당기고, 만약 그게 잘 안 된다면 2~3주 간격도 좋다. 뭐든 정신도 몸도 스트레스를 받지 않는 범위에서 각자의 상황에 맞게 결정하면 된다. 조바심 내지 말고 일정 기간 동안 30분씩 취침 시간을 앞당겨 본다. 내 몸과 뇌를 새벽에 적응하게 하고, 이를 기억하도록 충분한 시간을 가지는 것이 좋다.

### 3. 못한 일은 내일로 양보한다

오늘 못한 일을 포기하라는 말이 아니다. 밤에 하던 일을 다 못했다면 새벽에 양보하자는 말이다. 늘 밤에 일을 하던 습관에서 벗어나 새벽에 일하는 쪽으로 조금씩 바꿔 보자. '9시가 되면 컴퓨터가 꺼진다'라는 세뇌를 걸어 정해진 시간에 하던 일을 그만두는 과감함도 필요하다. 어차피 내일의 시간은 또 다가온다.

### 4. 적정 수면 시간을 유지한다

밤늦게까지 회사 업무가 있거나, 아이가 늦게 자는 바람에 어쩔 수 없이 내 수면 패턴에도 영향을 받는 그런 날이 있다. 수면이 부족해질 수도 있는 날을 위해서라도 평소에 '나의 적정 수면 시간'을 일정하게 지키는 것이 필요하다.

일주일에 1~2번 정도는 1~2시간 덜 자도 건강에 크게 무리가 가지는 않는다. 그러나 수면 시간이 늘 부족하다면 10년 뒤, 20년 뒤에도 건강하게 일할 수 있을지는 알 수 없다. 회사 일처럼 내가 전부 통제할 수 없는 것은 어쩔 수 없지만, 잠을 6시간이나 7시간 정도 자는 것처럼 내가 할 수 있는 것은 반드시 통제해야 한다. 그래야 힘들게 확보한 나를 위한 소중한 시간을 최선을 다해 최고의 효율로 보낼 수 있다.


아이가 있으면 수면 시간을 일정하게 유지하는 것이 어려울 수 있다. 통잠을 자는 연령대부터 엄마의 시간을 가질 수 있다고 가정했을 때, 아이를 제 시간에 재우면 수면 시간을 지킬 수 있다.

우리 가족은 저녁 식사를 마친 8시부터는 형광등 같은 밝은 조명은 대부분 끈다. 대신 노란 백열등을 켜서 너무 어둡지 않고 아늑하면서도 침침한(?) 분위기를 만든다. 밤 9시가 넘으면 백열등 가운데 절반은 끈다. 이제는 깜깜한 밤이고, 자야 된다는 신호를 아이에게 주는 것이다. 아이에게도 규칙적인 잠자리 루틴과 수면 패턴을 심어 주는 것이 필요하다. 아이는 잠자는 동안 자란다. 실제 전문가들은 밤 10시부터 성장 호르몬이 나오니 적어도 밤 9시에는 재우도록 권한다.

🕐 꿈꾸는 엄마의 미라클 모닝

## 5. 아이를 따로 재운다

아이를 따로 재우는 것도 추천한다. 절대 강요는 아니다. 부모 각자의 육아 방식을 존중한다. 아이 옆에서 엄마나 아빠가 함께 자면 정서에 좋다는 연구도 있다. 아이마다 성향이 다르고 부모마다 생각이 다 다르기에 수면 교육에도 다양한 정답이 있을 것이다.

우리 부부는 아이가 태어난 뒤 6개월쯤 됐을 무렵, 아이 방과 침대를 마련해 따로 잠을 재웠다. 육아 선배들의 조언을 받아 '아이가 뭘 잘 모를 때' 분리를 시켰다. 물론 아이 옆에 누워서 재우고, 깊이 잠든 것을 확인하고 나서야 방에서 나온다. 아이가 중간에 깨서 울면, 바로 달려가 안아 주면 된다.

아이와 잠자리를 분리하니 엄마 아빠의 수면 질도 높아졌다. "새벽에 일어나고 싶은데 제가 침대에서 나오면 아이도 같이 깨요"와 같은 아쉬움을 토로할 일도 없다.


## 6. 분침을 10분 앞당겨라

기상 알람을 4시 30분과 40분에 각각 맞췄다. 다만 내 시계는 10분 빠르다. 4시 20분에 일어나는 셈이다. 새벽에 '눈 뜬' 보상으로 나는 나에게 10분 동안 침대에서 꾸물거릴 수 있는, 사치 아닌 사치를 허락한다.

10분 빠른 시계는 꼭 새벽이 아니어도 출근뿐만 아니라 중요한 약속, 미팅, 회의 등에 지각할 일이 없게 만들어 준다. 내 시간이 소중하듯 남의 시간도 소중한 법이다. 내가 늦으면 다른 사람의 일정에도 지장이 생긴다. 시계를 10분 일찍 맞추면 약속 시간에 미리 도착할 수 있고, 상대에게 늘 준비된 사람이라는 이미지도 줄 수 있어 신뢰를 쌓기에도 좋다.

눈 뜨자마자 침대에서 보내는 10분은 새벽부터 바쁘게 움질일 하루에 대한 워밍업이자, 살아 있음에 대한 감사 기도 시간으로 보낸다. 기도하다 보면, 아프지 않고 다치지 않고 무사히 하루를 보내는 것만으로도 기적이라는 사실이 생생하게 느껴진다. 오늘도 우리 가족에게 소중한 하루가 허락된 데에 감사하며 두 손 모아 기도한다.

# 변수를 관리하라

밤 9시 30분, 취침 알람이 울리면, 엄마의 잘 준비는 다 끝났다. 잠자리 루틴의 마지막 과제는 아이가 잠드는 것뿐이다. 엄마인 내가 목표로 하는 취침 시간이지만, 사실 달성한 적은 거의 없다. 특히 복직하고서부터는 아이가 일찍 잠들기를 거부했다. 아이가 크면서 잠이 줄어든 탓도 있겠지만, 종일 보고 싶었던 엄마 아빠와 조금이라도 더 놀고 싶어서 그런 듯했다.

올빼미형 엄마이던 시절에는 아이가 잠들기만을 바랐지만 지금은 아이가 잠들지 못하면 오히려 마음이 짠해진다. 왕초보맘 단계에서 벗어나면서 아이가 진짜 뜬 눈으로 밤새우지는 않는다는 것도 안다. 길어 봐야 한두 시간이다.

## 루틴한 패턴을 만들라

세상에 벌어지는 일에는 두 가지 종류가 있다. 내가 통제할 수 있는 것과 그렇지 않은 것이다. 육아에는 특히 변수가 많다. 내 의지만으로는 할 수 없는 것이 대부분이다. 오로지 통제할 수 있는 시간은 아이가 잠들어 있는 시간뿐이다. 이 새벽 시간을 효율적으로 돌아가게 하기 위해서는 루틴이 필요하다.

곽금주 서울대학교 심리학 교수는 루틴의 중요성을 '구조화된 일과 가설(Structured Day Hypothesis)'이라고 설명한다. "꽉 짜인 하루 일과는 신체적, 정신적으로 에너지를 주면서 긍정적인 결과를 가져오고, 이것이 무너지면 비만, 수면 장애, 우울 등 여러 신체적, 정신적인 문제까지 야기될 수 있다"라고 경고한다.

이 가설에 따르면 규칙적인 루틴이나 구조화된 라이프 스타일은 일상을 예측 가능케 하는데, 이는 스트레스를 줄이고 자기통제감을 향상시킨다는 것이다. 이처럼 습관화된 활동은 시간적·심리적으로 여유를 만들어, 예전에는 한 가지만 해도 빠듯했던 시간이 루틴이 되니 같은 시간에 다른 과제도 할 수 있고, 더 큰 목표에 도전하는 기반이 된다는 설명이다.

또 곽금주 교수는 칼럼 「루틴한 일상의 효과」에서 "루틴한 패턴은 인간의 삶이 중요하고, 목적이 있는 것처럼 느껴지게 하고, 통제 가

　　　🌙 꿈꾸는 엄마의 미라클 모닝

능하고, 살아가는 것에 대한 전반적인 이해를 돕는다"라면서 "좋은 습관을 꾸준히 반복해 자동화되게 해야 한다"라고 말한다.

긍정적인 루틴을 만드는 방법으로는 '쉬운 시작'을 제시한다. 평소 반복하던 루틴과 이어지는 새로운 습관을 만드는 방식이다. 예를 들어, 평소 아침에 일어나 커피만 마신다면, 내일부터는 커피를 내리는 동안 스트레칭을 하는 것이다. 이것이 반복돼 습관화되면 커피를 마시며 스트레칭을 한 다음 책을 읽는 행위로 이어간다. 이렇게 사소한 행위라도 반복하고, 시간이 흘러 일정 시점에 도달하면 큰 노력을 들이거나 의식하지 않아도 그 습관을 유지할 수 있다. 물론 자신이 가치 있다고 여기거나 자신에게 의미 있는 행동을 연결하는 것이 관건이다. 곽금주 교수는 "더 중요한 것은 감당할 수 있는 작은 것부터 목표로 삼는 것이 습관 형성에 효과적"이라면서 "이같은 하루가 쌓이다 보면, 어느 순간 일상에서 많은 성취를 얻을 수 있다"라고 조언했다.

# 모든 알람을 꺼라

요즘 사랑하는 사람보다 더 오랜 시간 함께하는 것이 바로 핸드폰일 것이다. 우리는 핸드폰을 몸에서 떼 놓지 않으며 화장실에 들어갈 때조차 가지고 간다.

전원을 켜고 포털에서 날씨나 미세먼지를 확인하거나 스크롤하며 재미있는 뉴스를 검색한다. 그러다 광고에 혹해서 쇼핑 사이트로 넘어 가고, 거기서 클릭한 것은 관심사로 기록되어 넘어 가는 페이지마다 예전에 내가 둘러 봤던 브랜드가 자꾸 뜬다. 증권앱에 들어갔다가 오늘의 종목 추천 영상을 보기도 하고, 음악 앱에 들어가 오늘의 추천곡은 무엇인지 살펴본다. 종일 끊임없이 정보를 눈에 넣는다. 시각적 자극은 더 큰 자극을 불러들이기 위해 끝없는 스크

롤을 부르고, 스마트폰을 손에서 절대 놔 주지 않는다.

무의식적인 핸드폰 사용은 우리 삶을 무의미하게 하는 가장 큰 주범이다. 한창 일에 몰두해 있다가도 갑자기 알람이 울리면 폰을 확인하면서 흐름이 끊긴다. 문제는 단순히 끊기는 것뿐만 아니라 다시 원래 일을 하던 속도로, 이전의 집중력을 발휘하기까지 상당히 시간이 걸린다는 것이다.

호리 마사타케(堀正岳)의《일이 편해지는 TO DO LIST 250》에 따르면, 방금 전에 울린 핸드폰 알람이 하던 업무와 관련된 것이라면 금세 집중하기 쉽지만, 전혀 다른 일이라면 기존의 집중력과 속도를 되찾기까지 약 23분이 걸린다고 한다. 단 3초라도 핸드폰 알림에 시선을 빼앗긴다면 원 상태로 돌아가기까지 상당한 시간과 에너지가 소요되는 것이다.

메일이나 메신저, 타임 특가 알림 등은 앱을 깔기로 결정한 이상 발신자 메시지를 수신자가 통제할 수는 없다. 수신자가 통제할 수 있는 것은 불필요한 앱을 지우고, 이들의 알람을 모두 끄는 것이다. 이벤트·광고성 알림 수신은 모두 '동의하지 않음'에도 체크한다.


### 1. 이메일을 보는 시간도 정하라

이메일도 하루에 딱 2번만 확인하라고 저자는 주장한다. 내 경우는 오전 근무 전, 점심 식사 뒤, 퇴근 전 이렇게 세 번만 확인한다. 불필요한 이메일은 주로 이동 중에 삭제한다. 메신저도 업무용 말고는 모두 알람을 꺼야 귀한 시간을 허비하지 않는다. 메신저도 이메일 확인할 때 같이 한다. 그리고 이동하거나 일정과 일정 사이 시간이 갑자기 뜰 때, 밀렸던 답신을 한다. 진정 나를 이해해 주고 아껴 주는 사람이라면 업무 중에 보낸 문자 메시지에 내가 단 몇 분 동안 답이 늦었다고 화를 내지는 않을 것이다. '지금 바쁜가 보네, 사정이 있나 보다' 하고 내가 굳이 말하지 않아도 다 이해해 줄 것이다.

핸드폰은 우리 일상에 편의와 편리를 가져다주기도 했지만, 소중한 시간을 좀먹는 도둑이기도 하다. 스스로 제어하지 않는다면, 정신이 가장 또렷하고 최고의 집중력을 발휘하는 낮 시간에, 다시는 오지 않을 이 시간을 필요하지 않은 사소한 잡담으로 흘려보내고 만다. 아무리 사적인 일이라도 급한 일이 있을 수 있다. 수년 만에 친구로부터 연락이 왔다든지, 누가 다쳤다든지 등이다. 답이 늦어서 오해를 살까 봐 걱정할 필요는 없다. 정말 급한 경우는 톡을 보내기 전에 전화가 먼저 온다. 일어나지 않은 일을 미리 걱정하지 않아도 된다.

🕐 꿈꾸는 엄마의 미라클 모닝

## 2. 핸드폰 화면을 흑백으로 설정하라

의지만으로는 핸드폰을 내려놓기 힘들다면, 야간 모드 말고 '흑백 모드'로 설정해 두는 것도 추천한다. 흑백 모드는 핸드폰을 재미없게 만든다. 화면에 뜨는 모든 것이 잿빛이다. 어떤 음식도 맛있어 보이지 않고, 광고에 낚여 쇼핑앱에 들어가더라도 옷도 다 거기서 거기인 것 같다. 아무리 재미있는 드라마라도, 최고의 배우들이 최고의 시나리오를 연기해도 매력적이지 않다. 흑백 모드는 눈에도 편하다.

업무 시간에는 방해 금지 모드로 해 두거나 눈앞에서 아예 치우는 것도 좋다. 나는 주로 가방에 넣어 버린다. 업무 메신저는 어차피 컴퓨터에도 있고, 전화는 울렸을 때 받으면 된다.


## 3. 핸드폰에 타이머를 걸어라

'디지털 웰빙' 기능도 시간 관리에 도움을 준다. 핸드폰을 하루에 몇 시간이나 사용했는지, 유튜브, 네이버, 은행, 증권 앱 등에서 각각 몇 분이나 썼는지 등을 분 단위의 시간과 그래프 등으로 확인할 수 있다.

자주 쓰는 앱에 타이머를 설정해 두는 것도 불필요한 핸드폰 사용을 줄여 준다. 내 경우에는 유튜브는 이동 중에 강의도 듣고, 공부도 하기에 2시간으로 타이머를 설정했다. 나머지는 거의 10분 내외이다. 새벽 기상 인증을 남기고 모닝레시피 챌린지, 라이브 등 공지를 해야 하는 인스타그램 사용 시간도 10분이다. 그 이상 머무르지 않는다. 스크롤하다 보면 시간이 순식간에 지나가기 때문이다.

타이머로 설정해 둔 제한 시간이 끝나면 앱은 비활성화된다. 앱을 쓰려면 다시 설정에 들어가서 바꿔야 한다. 귀찮아서라도 또 나와의 싸움에서 지고 싶지 않기에 핸드폰을 끄는 쪽을 택한다.

핸드폰 속 가상 세계에 빠져 현재의 소중한 시간을 낭비하지 말자. 차라리 잠을 자서 에너지를 충전하거나, 가족과 더 좋은 시간을 보내길 바란다.

🕐 꿈꾸는 엄마의 미라클 모닝

# SNS를 탈출하라

누구보다 동동거리며 열심히 사는데, 아이들에게 늘 미안하고, 아무것도 한 게 없는 것처럼 공허하기만 하다면 반드시 체크해 봐야 할 것이 있다. '핸드폰 사용 시간이 너무 길지 않은지, 어떤 앱을 많이 쓰는지'이다. 특히 SNS는 소중한 시간도 앗아가지만 '나다움'도 잃게 만든다. 내가 가진 장점에 집중하고 강점으로 키우려는 노력보다는, 남들이 가진 것을 부러워하고 좇도록 하면서 내 소중한 인생을 허비하게 만든다.

SNS를 두고, '일상을 기록하고 소통하기 위한 수단'이라고 말한다. 그러나 '소통'이라는 명분 아래, 우리는 24시간 내내 SNS에서 평가받고 있다. 이 세상에 평가받기 위해 태어난 존재는 아무도 없다.

그러나 셀카를 찍고 뷰티 앱으로 얼굴, 몸매를 모두 보정해, 셀카지만 셀카 아닌 사진을 올리면서 '좋아요'가 몇 개 눌리는지, 댓글은 뭐라고 적혔는지 수시로 확인한다.


## 나에게 집중하기 어려운 세상

SNS에 일상을 올린다지만 따지고 보면 '가상현실'이다. 조금 전 피드에 올린 사진 한 장을 두고 "24시간, 365일 내내 이렇게 보내요"라고 자신 있게 말할 수 있는 사람이 몇이나 될까? 상사에게 혼나고 업무에 허덕이는 모습이나 육아에 치이고 엉망인 집안 사진을 SNS에 올리는 사람은 거의 없다.

대신 남이 봤을 때 좋아 보일 만한, 부러워할 만한 것들을 올린다. 멋진 곳에 가서 SNS를 하는 게 아니라 SNS를 하기 위해 그곳에 간다는 말이 나올 정도이다. 자꾸만 남이 보기에 좋은 것을 수집하고, 남들에게서 부러움을 살 수 있는 것을 소유하려 한다. 사진 속에 내가 있더라도, 그 사진 속의 나는 다른 사람이 보기에 꽤 괜찮은 '포장된 나'일뿐이다.

핸드폰과 컴퓨터라는 족쇄를 찬 일상을 보내면서, SNS에 스스로 파묻히면서, 내가 보는 나보다 '남이 바라보는 나'가 더 중요해졌다. 기술이 발달할수록 나 자신에게 집중하기 어려운 세상에 살게 됐다. 모든 선택의 기준이 내가 좋아하는 것보다 세상이 멋지다고 하는 것, 부모님이 만족할 만한 것, 남들에게 인정받을 만한 것에 있다 보니 아무리 노력해도 행복해지지 않는다. 내 마음의 소리에 따른 결정인데도 확신이 서지 않고 불안도 사그라들지 않는다.

페이스북, 인스타그램 포스팅에 '엄지 척'과 '하트'를 받으려면 나역시 페친, 인친들에게 댓글을 쓰고 '좋아요'를 눌러 줘야 한다. 네이버와 쿠팡 장바구니는 어떻게 봤는지, 내가 검색하거나 구매한것이 SNS에 자꾸만 뜬다. 필요하지 않은 물건도 계속 사게 만든다. 쉬어야만, 자야만 하는 시간에도 SNS에서 빠져나오질 못한다. 누가 지금 뭘 하나 관찰하고, 나의 피드 반응도 기대하면서 이 순간을 정처 없이 흘려보내고 있다.

소파에 드러누워 감자칩을 뜯으면서 소위 '인싸'들의 멋진 몸매를 열망한다. 햄버거를 먹으면서 다이어트 보조제만 구매한다. 자신을 업그레이드하기 위한 어떠한 노력도 하지 않으면서, 잘 알지도 못하는 사람들로부터 늘 패배당하고, 그들의 '부(富)'만 늘려 주고 있다.


## 나에게 에너지를 쏟을 시간

SNS를 탈출하라. 인스타그램이나 페이스북 피드를 스크롤하면서 다른 사람이 가진 것을 부러워할 때마다 스스로를 위해 창조할 시간을 잃는다. 다른 이들이 가진 것에 관심 끄고, 자신을 위해 그 시간과 에너지를 쏟기 바란다. 나 역시 그러기 위해 부단히 노력했다.

그리고 비교하지 마라. 다음 3가지를 명심하기를 바란다. 매일 아침 읽고 되뇌기를 권한다.

첫째, 나는 충분히 행복할 가치가 있는 사람이다.

둘째, 나를 행복하게 하는 것을 찾는다.

셋째, 나를 행복하게 하는 것을 당장 실행한다.

새벽은 핸드폰과 SNS 디톡스를 하기에도 좋은 시간이다. 상사로부터 늦은 저녁에는 연락이 오기도 하지만 새벽 4시 반에 연락이 오는 경우는 드물다. 핸드폰을 꺼 놓아도 무방하다. 설령 전화가 왔는데 못 받더라도, 밤보다 새벽은 '잠'에 대한 변명에 좀 더 너그럽다. 인터넷이 끊겨도 괜찮다. 오히려 감사하다. 참기 힘든 유튜브나 SNS 유혹으로부터 강제로라도 탈출시켜 주니까.

# 시간을 긍정적으로 대하라

나는 "시간이 없다", "부족하다"라는 말을 쓰지 않는다. 부족하다고 머리로는 생각할지언정 입 밖으로는 절대 그 말을 내뱉지 않으려 한다. 대신 "시간이 필요하다"라고 표현한다.

의미만 따지면 큰 차이는 없다. 그러나 그 말을 내뱉는 순간, 시간을 대하는 마음가짐이 달라진다. 부족하다고 말하면, 일을 다 하기에 아직 시간이 있는데도, 이것마저 '없는 것처럼' 된다. 부정적인 생각을 유발하면서 더 초조하고 일에 쫓기게 만든다.

대신, 시간이 필요하다고 하면, 정신없이 빠듯한 일정 속에서도 숨어 있는 시간을 '찾게' 된다. 시간이 부족하다는 말이 '걱정'을 만든다면, 시간이 필요하다는 말은 '문제 해결'에 집중케 한다. 예를 들어

'유모차가 필요하다. 사야겠다'라고 결심한 순간, 거리에 나가면 평소에는 신경조차 안 쓰던 유모차만 계속 보이는 것과 마찬가지이다.

## 급할수록 천천히 돌아가라

조바심만 안 내도 시간을 벌 수 있다. '급할수록 돌아가라'는 말이 있다. 마음이 급하면 실수하기 마련이다. 실수하면 다시 해야 한다. 급하더라도 심호흡 한번 크게 하고, 잘 준비해 단번에 해낸다면, 그래서 실수만 줄여도 시간을 아낄 수 있다.

이러한 시간에 대한 생각은 육아휴직 동안 유튜브 영상을 촬영할 때 많이 적용했다. 촬영할 수 있는 시간은 아이가 잠들었을 때뿐이었다. 아이가 얼마나 잘지, 언제 깰지는 알 수 없다. 최대한 빨리 촬영을 끝내야 했다. 시간이 부족하다는 말 대신 촬영 가능한 때를 기다리고 준비했다. 아이를 품에 안고, 카메라 세팅을 했다. 아이와 눈을 마주하며, 대본을 계속 중얼거렸다. 그러다 아이가 잠들면 침대에 내려 놓고 카메라를 켰다.

계속 외우고 반복하며 준비했기에, 예전에는 한 시간씩 걸리던 촬영도 빠르면 20분 안에 끝낼 수 있었다. 충분한 준비 없이 일단 촬영 버튼을 눌렀을 때보다, 오히려 시간을 더 줄인 셈이다. 시간이 필요하다면 시간 확보에 온 정성을 기울이게 된다.

## 자신을 믿고 적극적으로 덤벼라

무엇이든 하겠다고 결심했다면 자신을 믿어라. 그리고 자신 있게 덤벼라. 아무리 열심히 준비하고 자신감으로 똘똘 뭉쳐 덤벼도, 뜻대로 안 되는 게 세상일이다. 그런데 '내가 할 수 있을까? 정말 가능할까?'라고 자신을 의심부터 한다는 것은 자신감 있게 돌진하는 사람들에게 기회를 양보하겠다는 얘기와 마찬가지이다.

적극적으로 나서라. 결과는 아무도 알 수 없다. 내가 유튜브에 베이비박스 관련 영상을 업로드하고 6개월 동안은 조회수가 1천 회도 넘지 않았다. 그러다 어느 순간 역주행하더니, 조회수 237만 회를 찍은 내 유튜브 대표 영상이 되었다.

실패할까 두려워하지 말라. 한 번도 실패하지 않았다는 말은 아무 것도 하지 않았다는 말과 다름없다. 순간에 최선을 다하라. "이거 다시 하라면 절대 못해"라며 혀를 내두르고 치를 떨면서 말할 수 있을 정도로, 부딪칠 때 있는 힘껏 부딪쳐라. 그 순간 최선을 다하지 않았음을 후회하지 않도록 하는 게 더 중요하다. 최선을 다했으면 어떤 결과가 나오더라도 후회도 미련도 없다. 대신 그 경험과 배움이 당신을 더 성장시킬 것이다.

# 꿈꾸는 엄마를 위한 시간 관리 Tip

## 1. 확실한 동기부여를 세워라

### 1) 강력한 동기부여, '목표'를 관리한다

어떤 목표라도 일단 맞닥뜨리면, 결국 어떻게든 해낼 수 있도록 길이 열린다. 간절히 하고 싶다면, 그 절실함이 어떻게든 할 수 있는 방법을 찾아내도록 나를 이끈다.

### 2) 급한 일이 아닌 '중요한 일'을 한다

당장 급한 일은 나의 행복이나 개인의 성공과는 거리가 있다. 내가 성장하고 내 인생의 최고점을 찍기 위해서는 당장 급하지는 않지만 중요한 일을 해야 한다. 아무도 방해하지 않는 새벽이 이러한 삶의 습관을 기르기에 좋은 시간이다.

## 2. 확실하게 새벽을 깨워라

### 1) 내일을 계획하고 잠든다

다음날 하루를 어떻게 보낼지를 적고 자는 것과 그냥 자는 것은 상당한 차이가 있다. 전날 내일을 계획하고 잠들면, 다음날 새벽에 눈 떠지는 속도부터 다르다.

### 2) 스마트워치 알람을 이용한다

손목에 차고 잘 수 있어 알람을 더 잘 느낀다. 스마트워치의 가장 큰 장점은 핸드폰을 잠자리에 들고 가지 않아도 된다는 것이다.

### 3) 세수와 양치를 한다

세수는 항상 찬물로 한다. 찬물 세수가 잠 깨우는 데 탁월한 것도 있지만, 찬물로 세수하면 피부가 좋아진다고 하니 일석이조이다.

### 4) 물을 마신다

공복에 마시는 물 한잔은 잠든 장기를 깨우고, 수명을 늘린다.

### 5) 귀 마사지를 한다

인체의 축소판인 귀를 부드럽게 마사지해 몸을 깨운다.

### 6) 림프 마사지를 한다

몸을 깨우고 혈액 순환에도 좋은 방법이다. 귀 마사지를 한 뒤 자연스레 목을 타고 내려오면서 목 뒤쪽, 쇄골, 어깨까지 주무르면 된다.

7) 햇빛을 본다

아침에 일어나 햇빛을 받으면 에너지도 생기고 건강에도 좋다.


## 3. 잠자리 루틴을 만들라

1) 적정 수면 시간을 찾고 취침 알람을 조정한다.

2) 취침 알람이 울리면 일단 하던 일을 모두 멈춘다.

3) 못한 일은 새벽으로 양보한다.

4) 30분 일찍 침대로 향한다.

5) 아이를 따로 재운다.

6) 분침을 10분 앞당긴다.


## 4. 모든 알람을 꺼라

무의식적인 핸드폰 사용은 우리 삶을 무의미하게 하는 가장 큰 주범이다. 불필요한 앱을 지우거나 알람을 모두 끈다. 이벤트·광고성 알림 수신도 모두 '동의하지 않음'에 체크한다.


1) 이메일을 보는 시간도 정해서 소모되는 시간을 아낀다.

2) 핸드폰이 지루하게 보이도록 화면을 흑백으로 설정한다.

3) 일정 시간이 지나면 꺼지도록 자주 쓰는 앱에 타이머를 건다.

## 5. SNS를 탈출하라

SNS를 두고, '일상을 기록하고 소통하기 위한 수단'이라고 말한다. 그러나 '소통'이라는 명분 아래, 우리는 24시간 내내 SNS에서 평가받고 있다. 이 세상에 평가받기 위해 태어난 존재는 아무도 없다. 비교하지 않고 나를 사랑하기 위한 다음의 문장을 되뇌어라.


1) 나는 충분히 행복할 가치가 있는 사람이다.

2) 나를 행복하게 하는 것을 찾는다.

3) 나를 행복하게 하는 것을 당장 실행한다.

# 3장

# 미라클 모닝을
# 위한 미니멀 살림

* * *

"한창때는 다시 오지 않고
하루가 지나면 그 새벽은 다시 오지 않는다.
때가 되면 마땅히 스스로 공부에 힘써야 하며
세월은 사람을 기다리지 않는다."

- 도연명(陶淵明), 중국의 시인

# 혼자 못하면 아웃소싱하라

새벽에 눈뜨면 가벼운 스트레칭으로 몸을 깨우고, 원두커피 향을 즐기며 책상 앞에 앉아 나를 위한 2시간을 보낸다. 7시쯤, 잠에서 깬 아이와 책을 읽으며 시간을 보내다 출근한다. 집에 와서는 종일 엄마를 기다린 아이와 놀아 주며 좋은 추억을 만든다. 아이가 잠들고 집안 정리를 한 뒤 하루를 마무리한다.

이런 모습을 꿈꾸며 나만의 미라클 모닝, 모닝레시피를 시작했다. 현실은 당연히 그렇지 않다. 내가 하지 않고 살 수만 있다면 평생 하고 싶지 않은 게 살림이다. 청소는 로봇이 하고, 밥은 남이 해 주는 밥이 최고이다. 결혼 전에는 밥은 거의 배달해서 먹거나, 이동

중에 사 먹고는 했다. 하고 싶은 게 많다 보니, 밥 먹는 데 굳이 시간과 에너지를 쏟고 싶지 않았기 때문이다. 집에서 요리를 한다는 것은 무엇을 먹을지 정하고, 재료를 사서 씻고 다듬고, 불 앞에 서 있고, 먹고 나서는 설거지와 뒷정리를 해야 한다는 것이다. 길어야 20분이면 끝날 식사에 2~3시간을 투입하고 싶지 않았다. 맛집도 굳이 찾아다니지 않는다. 맛집을 검색하고, 줄 서서 기다려야 하기 때문이다. 손님이 많으니 음식도 늦게 나온다. 맛집이 아니어도 '남이 해 주는 밥'이면 그저 다 좋고 다 잘 먹는다.

사람은 바뀌지 않는다. 나는 결혼한 뒤에도 크게 달라지지 않았다. 세상에는, 설거지가 귀찮아 라면조차 생라면으로 먹는 나 같은 사람도 있지만, 라면 하나를 끓여도 다시마나 미역을 넣고, 양파와 파, 새우 같은 해산물을 넣어 먹는 사람도 있다. 다행히 남편은 후자 쪽이었다.


## 집안일에 쫓기지 않는 법

문제는 아이가 생기면서부터였다. 산후조리원 퇴소 당일부터 집안일은 피할 수 없는 관문이었다. 이제 막 세상에 나온 내 아이가 숨 쉴 곳인데 청소를 어떻게 안 할 수가 있겠는가. 옷도 자주 갈아 입혀야 했고, 수유하려면 내 밥도 잘 챙겨 먹어야 했다. 종일 뼈 빠지게 밥 짓고 빨래하고 청소했다.

지난 35년 동안 깔끔, 정리 정돈, 청소 등과는 담쌓고 살아왔는데 하루아침에 잘될 리가 없었다. 살림은 아무리 열심히 한들 월급은 커녕, 초과 근무를 해도 수당도 없고 휴가도 없지 않나. 나름 애써 봤지만 집안일에 꺼진 스위치는 좀처럼 켜지지 않았다. 새벽에 일어나 아침에 여유가 생기더라도, 아이와 더 놀아 주고 싶지, 그 시간을 청소하는 데 쓰고 싶지 않았다.

시간에 쫓기는 것과 시간을 허투루 쓰는 것은 다르다. 지금 흘려보내면 다시는 오지 않을 시간을, 하고 싶지 않은 일로 채우고 싶지는 않았다. 도무지 재주와 관심도 생기지 않는 집안일에 에너지를 쏟는 것보단, 집을 지저분하게 만드는 좋지 않은 습관을 고치고, 최소한의 시간과 노력으로 깔끔해질 수 있는 방법을 찾기 시작했다.


## 1. 한 번에 모든 동작을 끝낸다

예를 들어, 외출한 뒤 집에 들어왔을 때, 옷을 소파 위나 식탁 의자에 아무렇게나 벗어 두는 것이 아니라 곧바로 옷방, 옷걸이에 걸어 두는 것이다. 10초면 충분하다. 예전에는 피곤하고 귀찮다는 이유로, 아무데나 툭툭 던져 두고는 했다. 양말에서 겉옷까지 현관문부터 하나씩 벗으며 들어와 "뱀허물 벗냐"라는 꾸지람도 많이 들었다.

따지고 보면 결국에는 옷걸이에 걸릴 옷이다. 그런데 옷을 걸기 전에 엉덩이가 의자에든 바닥에든 닿아 버리면, 더 하기 싫어진다. 동선도 늘어난다. 어지르는 데 시간 쓰고, 치우는 데 시간 쓰는 일을 더는 하지 않기로 했다. 밥을 먹고 난 다음 설거지도 곧바로 했다. 미루지 않고 한 번에 동작을 끝내는 것이 집도 깨끗하게 만들고, 시간과 에너지를 아끼는 지름길이었다.

## 2. 정리정돈을 습관화한다

중요하거나 자주 쓰는 물건은 일정한 장소에 보관한다. 그렇지 않으면 '핸드폰이 어디 있지? 안경은? 지갑은?'라며 매일 아침마다 반복하기 일쑤다. 특히 핸드폰은 출근 전 찾으면 그나마 다행이지만, 챙긴 줄 알고 한참을 갔는데 없는 걸 알고서 집에 다시 돌아오게 되면 아까운 시간을 그냥 거리에 버린 셈이다.

더 큰 문제는 이 경우 불안과 스트레스를 유발한다는 점이다. 놓고 간 것을 찾으러 집에 갔다 다시 출근하면서 행여 지각하지는 않을까 마음이 조급해진다. 출근길에 오디오북을 들으며 마음의 양식을 쌓는 대신, 교통 상황과 시계만 번갈아 쳐다보며 발만 동동 굴러야 한다. 핸드폰을 집에 두고 출근하기도 힘들다. 언제 어디서 어떤 연락이 올지 모르고, 스마트 페이를 쓰는 터라 핸드폰이 없으면

버스조차 탈 수 없다. 어쩔 수 없이 그냥 출근했더라도, 집에 둔 핸드폰이 신경 쓰여 업무 집중도도 급격히 떨어진다.

지금 당장 필요한 무언가를 찾는데 곧바로 보이지 않으면 짜증도 나고 이걸 찾느라 집을 다시 어지른다. 찾는 데 시간 쓰고, 시간 들여서 어지럽히고, 또다시 시간 들여 치워야 한다. 집안일에 쏟는 시간을 최대한 줄이는 방법은 '정리정돈'에 있었다.

식기나 집기류, 식재료를 자주 쓰는 것과 그렇지 않은 것으로 나눴다. 자주 쓰는 것은 팔만 뻗으면 바로 닿을 수 있도록 눈높이와 맞는 위치에 뒀다. 박스나 수납통을 이용해서 부엌을 뒤적이지 않아도 한눈에 보고, 바로 집을 수 있도록 했다.

냉장고도 같은 방식으로 정리했다. 주말을 이용해 마늘, 대파 같은 식재료를 다지고 소분해서 얼렸다. 육수도 한번 내릴 때 많이 내려서 병에 나눠 냉동실에 넣어 둔다. 출근 전이나 퇴근 뒤, 얼린 육수를 녹이고 식재료만 넣으면 국이나 찌개가 뚝딱 완성된다. 요리할 때, 그릇이나 집기를 있는 대로 다 꺼내는 소란을 피우지 않고도 척척 해낼 수 있다.


### 3. 무선 이어폰을 활용한다

나는 요리보다는 설거지를 좋아한다. 요리할 때는 아이가 노는 것을 보면서 해야 하기 때문에 집중해서 빨리 끝내는 편이었다. 아이가 엄마를 부르거나 행여 우는 소리라도 들릴까 귀와 신경은 늘 아이를 향해 있었다. 그런데 설거지는 다르다. 이 때는 남편도 보통 퇴근해서 아이를 봐 주기 때문에 설거지하는 시간은 다른 방식으로도 활용한다.

설거지를 하는 동안, 무선 이어폰을 귀에 꽂고 유튜브나 팟캐스트의 주식, 영어 관련 콘텐츠를 들었다. 무선 이어폰은 엄마에게 두 팔의 자유를 허락하고 틈새 시간을 활용한 지식 쌓기를 도와주는 훌륭한 도구였다. 또 그릇을 닦으며 마음의 때를 씻어 내기도 하고, 어지러운 생각을 차분히 정리하기도 했다. 퇴근한 남편이 설거지를 하겠다고 하지만, 내가 하는 편이 좋다. 종일 떨어져 있던 아빠가 아이와 함께 놀아 주는 것을 나도, 남편도, 아이도 모두 좋아하기 때문이다.


## 4. 독박육아를 아웃소싱하라

남편의 주말 당직이나 모임 등으로 엄마 혼자 긴 시간 독박육아를 해야 한다면, 아이 돌봄 앱에서 2~3시간만이라도 아이와 놀아 줄 베이비시터를 구한다. 나의 시간을 만들어 줄 뿐만 아니라 육아를 지속할 에너지를 비축할 수 있다. 반찬도 비정기적으로 구매해서 먹는다. 다양한 반찬과 국을 만들기 위해 식재료를 모두 사서 일일이 다듬고 준비하는 것보다 훨씬 시간도 체력도 아낄 수 있다.

물가는 오르고 월급은 그대로이다. 대출금, 베이비시터 비용 등으로 빠듯하기만 한 살림살이라 한푼이라도 아끼고 싶었지만, 생각을 바꿨다. 지금 가장 소중한 '나의 시간'에 투자하는 셈치기로 말이다. 돈은 다른 데서 아끼고 또 벌 수도 있지만, 시간은 지나가면 끝이 아닌가.

아이에게 중요한 시기는 엄마 커리어에도 중요한 시기이다. 지금 '이 순간' 나를 위한 시간을 기꺼이 사는 것이다. 그 금액이 가계비 예산에서 감당하기 힘든 정도가 아니라면, 도움을 받을 수 있을 때 받는 것도 현명한 선택이라고 생각한다. 시간과 체력에 치이는 힘든 모습을 아이에게 보여줄 일도 없다. 아이가 커 갈수록 이런 지출은 줄어든다. 나 역시 그동안 집안일과 독박육아 등에 시간과 에너지를 아끼면서 더 많은 성과를 낼 수 있었다.

# 남의 편을 내 편으로 만들어라

2020년 3월에 복직을 한 나는 15개월간의 공백이 느껴지지 않을 만큼 일을 잘하지 않으면 안 되었다. 직원에서 워킹맘이 되어 회사에 돌아갔다. 일을 제대로 못 하고 성과를 내지 못할까 봐, 그래서 그것이 내가 '여성'이고 '엄마'인 탓이 될까 봐 노심초사했다.

퇴근이 늦어져서도 안 되었다. 아이가 기다렸고, 베이비시터 이모님 퇴근도 늦어지기 때문이다. 매일 최대한 집중력을 발휘해 일하고, 집으로 출근해 저녁을 차리고, 아이 밥을 먹이고, 치우고……. 이런 나날을 반복했다.

남편은 달랐다. 아이가 있기 전이나 후나, 코로나가 터지기 전이나 후나, 남편의 삶은 크게 달라지지 않았다. 퇴근 시간에 발 동동

거리며 부리나케 달려 들어와 이모님과 교대하는 일은 오로지 내 몫이었다. 우리 둘의 아이인데, 왜 내 일상만 변했는지 억울했다. 불공평했다.

남편도 물론 자신의 자리에서 맡은 바를 다 잘해 내기 위해서였을 테다. 머리로는 이해했지만, 마음은 받아들이지 못했다. 그런 내 자신이 지독히도 한심하게 느껴졌다. 역할 갈등에 자아 갈등, 내적 갈등까지 일어나면서 종일 일하고 육아에 지친 심신은 바닥 끝까지 드러났다. 그렇게 매일 녹초가 되면서 말할 힘도, 기분도 나지 않았다. 남편과의 대화는 자연스레 줄었다.


## 왜 아빠는 엄마와 다를까

아이를 낳았다 뿐이지, '나'는 변하지 않았다. 꿈 많고 지금도 하고 싶은 게 여전히 많다. 지금껏 버티고 또 버텼고 이제 조금만 더 가면 될 것 같은데, 아이가 생기면서 '일단 정지' 버튼이 눌려졌다. 이제껏 해온 거라고는 '직장인'의 삶뿐이었는데 불현듯 닥친 '엄마'의 역할 사이에서 갈피도 못 잡고 허둥대기만 했다.

'퇴근 뒤 엄마가 아이를 돌보지 않고 커리어를 위해 딴 일을 하는 게 맞을까?'라는 자기반성과 검열도 이어졌다. "직장 일도 잘하고 아이도 똑 부러지게 잘 키운다"라는 얘기가 듣고 싶었나보다. 좋은 엄마가 되고 싶고, 커리어와 내 일상, 꿈까지 모두 지키고 싶다 보니 우왕좌왕하기만 했다. 나는 도대체 왜 이런지 자책하고 스스로를 비난하기에 이르렀다.

살점 하나 트거나 늘어지지 않고, 아이가 태어난 뒤에도 아이스 아메리카노와 술도 마음껏 마실 수 있었던 남편은 질풍노도기의 나를 이해하지 못했다. 남편에게 나는 '아내로서, 엄마로서 나만 계속 희생하고 있다'라는 피해의식에 휩싸인 사람에 불과했다. 서로를 공감하고 이해하려는 노력 없이 엄마, 아빠 역할에 대한 기대와 실망 그리고 원망만 쌓여 갔다. 그러던 어느 날, 결국 폭발했다. 아이 앞에서까지 언성을 높이면서 서로에게 선을 넘고 말았다.

## 육아는 엉킨 실타래를 함께 푸는 과정

엉켜 버린 실타래를 풀어야 했다. 잦은 싸움의 원인은 아이 탓도, 남편 탓도, 내 탓도 아니었다. 부부 간 대화가 없었던 탓이었다. 아이가 태어나기 전까지 우리 부부는 침대에서 늘 팔베개를 하고 도란도란 얘기를 나누다 잠들었다. 그런데 아이를 낳고서는, 특히 내가 복직하고 난 뒤에는 한 침대에서 함께 잠든 적이 거의 없었다.

회사에서 퇴근하고 다시 집으로 출근하고 일련의 육아를 해낸 뒤, 아이를 재우고서 쓰러지듯 잠들었다. 남편과 나누고 싶은 얘기

🕐 꿈꾸는 엄마의 미라클 모닝

가 많아도 말할 힘이 없었다. 가까운 사이일수록 더 자주 얘기하고 속을 털어 놔야 불필요한 오해를 사지 않는다. 사이가 가까울수록 서로를 잘 안다고 생각하기에, 혼자 기대하고 오해하다가 이것이 쌓이고 쌓이다 결국에는 터지고 만다. 우리 부부도 마찬가지였다. 사랑하는 사람에게 더 이상 상처를 주고 싶지 않았다. 아이에게는 세상의 전부인 엄마 아빠가 싸우는 것을 보여주고 싶지도 않았다.

남편을 붙잡고 밤새 얘기를 나눴다. 나는 지금 나의 변화를 받아들이는 과정에 있고, 시간이 필요하다고. 꾹꾹 눌러 왔던 말을 조심스레 꺼냈다. 여성에서 엄마로, 이제는 일하는 엄마가 됐는데, 나란 사람은 변하지 않았는데, 기자로서의 나, 김연지로서의 나, 엄마로서의 나 사이에서 너무 혼란스럽고, 어떻게 해야 할지 모르겠다고. 어느 것 하나 제대로 하지 못하고 있는데 이렇게 살면 안 될 것만 같다고. 너무 불안하고 두렵다고……

나는 몸도 외모도 이렇게 망가졌고 체력도 예전 같지 않은데 전이나 지금이나 조금도 달라진 게 없는 듯한 당신이 부럽기도 하고, 육아와 살림은 엄마 몫이 되는 게 야속하기도 하고, 나는 아이 옆에서 옴짝달싹 못하는데 여전히 저녁 모임도 주말 모임도 나가는 당신 모습에 화가 난다고 말했다. 당신이 필요하고 옆에 있어 줬으면 좋겠다, 옆에 있는 것만으로도 힘이 된다고 덧붙였다. 한 번뿐인 인생, 좀 더 의미 있고 가치 있는 일을 하며 살고 싶다고 남편에게 간곡히 부탁했다.

엄마이기도 하지만 엄마가 됐다고 해서 나를 묻어 버리고 싶진 않았다. 내 정체성을 지키고 싶고 그러려면 남편의 도움이 필요했다. 마음속에 켜켜이 쌓였던 기대와 야속함을 들여다보면서, 잔뜩 꼬인 실타래를 손으로 한 올 한 올 풀어 내듯 한 문장, 한 문장 풀어 냈다.

말없이 듣던 남편이 조용히 고개를 끄덕였다. 나를 꼭 안아 줬다. 남편은 아이가 조금 더 클 때까지는 당분간 모임을 줄이기로 했다. 모임을 잡더라도 밤 10시까지는 집에 오겠다고 약속했다.

부부가 절대 거래 관계는 아니지만 아이가 태어난 이상 육아나 가사에서의 절충점을 찾아야 한다. 각자 자기 자신으로 살면서도 엄마 아빠 역할을 확립하는 과정이 필요하다.


## 남편과 나눈 집안일로 찾은 행복

육아는 '도와주는' 남편 말고, '함께'하는 남편이 필요하다. 종류별로 분담했다. 저녁 준비 및 설거지는 엄마가, 아이 목욕은 아빠가 한다. 엄마의 새벽 2시간 모닝레시피만큼은 아빠가 지켜 주기로 했다. 퇴근 뒤 아빠가 오기까지가 엄마 돌봄 시간이라면, 새벽에 아이가 깼을 때는 아빠가 출동한다.

아침 식사 준비를 엄마가 한다면, 아빠는 그동안 아이와 놀아 주고, 반대로 아빠가 상을 차리면 엄마는 아이와 책을 보거나 그림을 그리며 놀아 준다. 딸이 밥 먹는 동안 서로 교대로 출근 준비를 하고, 설거지는 아침을 준비하지 않은 사람이, 다른 한명은 아이 등원 준비를 하기로 했다.

별것 아닌 것처럼 보이겠지만, 업무를 명확히 분담하고 나니 "내가 더 많이 했니, 당신은 그동안 뭐 했니" 같은 사소한 말다툼이 완전히 사라졌다. 그 대신 "여보, 이건 내가 할게요", "아니야, 내가 할게요" 처럼 서로를 배려하는 대화가 채워졌다. 남편은 격동의 질풍노도기를 지나고 있는 내게 "잘하고 있다"라는 칭찬을 아끼지 않고, 나 역시 "당신은 최고의 남편이자 최고의 아빠야"라는 말로 화답했다.

이렇게 서로의 마음을 보듬어 주면서 하루의 시작을 응원하고, 하루의 끝을 위로했다. 요즘에는 남편에게 감사 일기를 쓴다. 서운하고 섭섭한 것을 지적하고 들춰 내기보다는, 조금이라도 좋은 점을 발견하려 애쓴다. 신기한 것이 장점을 찾으면 또 장점만 보인다. "당신 같은 남편이 있어서, 아이 아빠가 당신이라서 감사해"라며 일기장을 채워 간다. 그럼에도 또 싸우기도 하지만, 부부의 대화 온도는 한층 따뜻해졌다.

아이와의 행복을 최대한 끌어올리기 위해서도 '엄마의 시간'은 반드시 필요했다. 어디로 튈지 모르는 아이의 행동과 떼, 울음 등을 받아 줄 수 있는 마음의 빈 공간이 있어야 한다.

말을 입 밖으로 꺼내기 전에, 이 말을 했을 때 아이의 감정이 상하지는 않을까, 또 남편과 대화를 할 때도 남편의 자존심을 상하게 하지는 않을까 충분히 고민하고 말할 수 있는 마음의 여유가 있어야 한다. 새벽에 나만의 시간을 보내면서, 그러한 마음의 빈 공간을 만들며 도저히 불가능할 것 같던 일을 가능하게 만들고 있다.

🕐 꿈꾸는 엄마의 미라클 모닝

# 인간관계에도 미니멀리즘이 필요하다

새벽에 일어나 물 한 모금 마시다 보면, 창밖의 깜깜한 밤하늘이 눈에 들어온다. 온기조차 없는, 때로는 무섭기도 한 적막한 어둠이다. 따뜻한 차를 내리는 동안, 가만히 바라보고 있으면 하나둘씩 별들이 보이기 시작한다. 새벽을 열기 시작하면서, 밤하늘에서 빛나는 무수한 별들을 마주할 수 있었다. 별은 혼자서는 빛날 수 없다. 서로에게 빛이 돼 주고 빛을 받으며 그렇게 짙은 어둠을 밝힌다.

사람도 마찬가지이다. 지금 내가 있기까지, 나 혼자 힘으로 된 것은 아무것도 없다. 새벽은 세상과 사람을 보는 눈에 온기를 더한다. 당연한 것이 당연한 것이 아니라는 것을 깨닫는 것만으로도, 오늘 보낼 시간도, 두 눈을 마주칠 그 어떤 인연도 함부로 대할 수 없다.

## 진짜 내 사람을 남기는 일

그럼에도 인간관계는 복잡하기만 하면 힘들다. 쉽게 오해하거나 불필요한 감정이 오가는 사람을 곁에 두는 일은 피곤하다. 무엇이든 정리하는 일은 힘들다. 물건도 분명히 몇 년 동안 안 쓰고 안 입어서 버리려고 하면, 왠지 나중에는 쓸 일이 있을 것 같아 갈등에 빠진다. 또 그 물건이 아무 쓸모없는 것일지라도 추억이 담긴 것이라면 쉽게 버릴 수가 없다. 하물며 사람과의 관계는 어떨까.

미니멀리즘 열풍이 불면서 관련한 영상을 본 적 있다. 그 영상 속 주인공은 이렇게 말한다.

"미니멀리즘을 다들 '버리기'라고 생각합니다. 그렇지 않아요. 미니멀리즘의 본질은 '남기기'입니다. 정말 소중한 것만 남기기 위해 버리는 것이죠."

새벽 시간을 오로지 나를 위한 시간으로 온전하게 보내려면 그 전에 많은 '버리기' 작업이 필요하다. 특히 나처럼 하고 싶은 일이 많은 '하고잡이'는 한정된 시간 안에 많은 것을 욱여넣어서라도 해내고 싶어 한다. 결국 여러 가지 중요한 것들끼리 리그전을 펼치며 깻잎 한 장 차이라도, 조금 더, 아주 조금 더 '소중한 이유'를 찾아내며 그 시간의 그릇에 차곡차곡 담는다.

사람도 마찬가지이다. 귀하지 않은 사람은 없지만, 모두를 똑같은 크기로 사랑하고 챙기며 살 수는 없다. 시간과 에너지는 한정되어 있다. '진짜 내 사람'을 곁에 두고 지키기 위해서는, 관계에도 미니멀리즘은 필요하다.

# 육아관을 재정립하라

복직한 지 얼마 되지 않았을 때이다. 휴직한 15개월의 공백을 메우려, 하루가 어떻게 가는지조차 모를 때였다. 퇴근 후 부랴부랴 집으로 들어왔는데 이모님이 웃으며 이렇게 말씀하셨다.

"아이가 다 컸어요, 응가하고 나면 '응가' 하더니 자기가 알아서 기저귀를 가져 오더라고요."

순간, 기분이 확 가라앉았다. 힘이 풀렸다. 난 도대체 오늘 뭘 한 걸까. 몸은 몸대로 지치고 힘들고, 굳어진 머리를 종일 굴리느라 어지러울 지경인데, 아이가 '응가' 하며 기저귀를 가져온 이런 사랑스러운 첫 장면을 놓치다니. 이모님은 아이가 기특하고 똑똑하다고 칭찬하신 건데, 나는 명치가 쿡쿡 쑤셨다. 눈물이 날 것만 같았다. 내 아이가 자라는 소중한 장면을 놓쳤다는 아쉬움과 함께 그 장면을 나보다 먼저 본 이모님에게 샘까지 나는 것 같았다. 그 자리에 없던 사람은 나인데, 워킹맘으로서의 아쉬움과 속상함을 괜히 아이와 이모님에게 돌리고 있었다.

## 경이로운 순간을 놓쳤다는 죄책감

처음 아이가 고개를 가누고, 뒤집기를 하고, 바닥에 앉고, 두 다리로 설 때, 첫 걸음을 내디딜 때, "엄마"라고 말했을 때의 모습을 생생히 기억한다. 가슴 깊은 곳에서 환희의 연주가 펼쳐지고 불꽃 축제가 시작된 듯한 감동이 벅차올랐다. 우는 아이를 제대로 달래지도 못하는 부족하기만 한 엄마 품에서, 이렇게 잘 커 주는 것만으로도 매 순간이 기적이었다.

아이가 방긋 웃어 주는 일 외에는 딱히 엄마에게 '보상'이랄 게 없는 육아에서, 아이가 성장 과업을 해낼 때마다 "그래도 내가 잘하고 있구나"라는 위로와 위안을 받을 수 있다. 아이가 아프면 엄마의 잘못인양 죄책감에 휩싸이듯, 아이가 한 단계씩 도약할 때마다 엄마도 응원과 박수를 받는 것 같았다.

그런데 아이가 '응가' 하며 새 기저귀를 가지고 오는 순간을 놓쳤다는 것은 일상의 작은 기적과 보상의 순간까지 놓쳤다는 뜻이다. 그리고 앞으로 출근하는 동안 '이런 경이로운 순간을 무수히 놓치게 될 것'이라는 예고였다. 서러움과 속상함이 북받쳐 올라왔다. '단 한 번뿐인, 아이가 자라는 소중한 찰나를 놓치면서까지 일하는 게 무슨 소용인가. 내가 무슨 억대 연봉을 받는 것도 아닌데.' 우울한 생각은 꼬리에 꼬리를 물었다.

다음날 퉁퉁 부은 눈으로 새벽을 맞았다. 플래너를 체크하고, 밀린 편집을 반드시 끝내겠다는 생각에 한창 집중하고 있을 때였다. 오전 7시가 되어서 컴퓨터를 끄려던 무렵, 아이가 "엄마" 하고 문을 열고 들어왔다.

"어머, 언제 깼어? 왜 엄마 안 불렀어?"

곧바로 남편이 나타나더니, 아이가 얼마나 대견했는지 설명하기 시작했다. 아이가 새벽 6시쯤 깼는데, 울지도 않고 혼자서 침대에서 내려와 안방으로 왔다는 것이다. 그러다가 엄마를 찾았는데 엄마가 작업실에서 일하고 있는 것을 알고는, 문 앞에서 조금 머뭇거리더니 혼자 거실에서 책이랑 장난감을 가지고 놀았다고 했다.

뒤통수를 맞은 느낌이었다. 딸은 알아서 엄마의 시간을 지켜 주고 있었다. 그 시간에 엄마가 무엇을 하든 그건 중요치 않았다. 그런

꿈꾸는 엄마의 미라클 모닝

데 엄마는 아이의 시간에 자꾸만 들어가지 못해 안달이 나 있었다.

딸은 그저 자기 시간에 알아서 응가하고 새 기저귀를 달라고 한 거였는데, 도대체 나는 뭐 때문에 슬펐던 걸까? 새벽에 일어나 나만의 시간을 존중받게 됐다고 좋아해 놓고, 엄마는 '아이가 언제 이쁜 짓을 할지 모르니 지켜보고 있어야지' 하며 감시자가 되려 했다.

아이가 내 앞에서 배변을 하고 기저귀를 가져오면 그것이 엄마에게는 '처음'인 것이다. 이모님이 그 장면을 먼저 봤다고 해서 엄마가 본 게 가짜가 되는 것도 아니다. 그제서야, 어제 저녁에 딸이 엄마가 퇴근했다고 좋아하고 있을 때, 그런 아이 앞에서 청승맞게 눈물을 흘렸던 모습이 떠올랐다. '아이의 기특한 첫 순간을 보지 못할지도 모른다'라는 미래를 걱정하느라, 정작 바로 앞에서 웃고 있는 아이의 모습을 놓치고 있었다.


## 엄마와 아이의 독립을 위한 새벽 시간

'육아'란 아이가 스스로 독립할 수 있도록 부모가 힘을 길러 주는 과정이라 했다. 아이는 절대 부모의 소유물이 아니다. 엄마 뱃속에서 나오기는 했더라도, 아이는 완전히 별개의 독립적인 주체이다. 엄마의 목표가 딸의 목표일 수는 없다. 지금 내게 소중한 꿈이 있는 것처럼, 우리 아이에게도 소중한 꿈이 마음속에서 자라날 테다. 사랑한다는 명분으로, 엄마라는 이유로, 아이에게 어떤 것도 강요해서도, 기대해서도 안 된다.

도대체 누구한테 어떤 인정을 받고 싶었던 것일까. 이미 딸은 엄마를 인정하고 사랑하고 있었는데. 딸은 엄마가 눈뜨자마자 자기랑 놀아 주지 않고 다른 것을 하고 있어도, 발을 동동 구르며 조바심 내지 않아도 스스로 자라나고 있었다. 그리고 매일 엄마를 보며 방긋 웃어 주었다.

새벽은 이렇게, 내 아이에게 가장 좋은 엄마가 '바로 나'라는 믿음을 줬다. 적어도 우리 아이에게 '엄마'는 내가 아니면 대체불가능한 자리이다. 그 어떤 최고의 엄마가 오더라도 내 딸에게 필요한 엄마는 바로 '나'이다. 출근하느라 아이와 늘 함께 있지 못한다고 불안해하지 않기로 했다. 완벽할 수도 없지만, 완벽한 엄마가 아니라고 해서 애달파하지 않기로 했다. 내 시간을 아이에게 더 쓰지 못해 미안한 마음도 더는 품지 않기로 했다. 여전히 서툴고 요리도 잘 못하지만, 내 딸은 어디서든 나를 '최고의 엄마'라고 얘기할 테니까.

꿈꾸는 엄마의 미라클 모닝

# 모유수유하지 않아도 괜찮다

"너 모유수유 할거니?"

조리원에 있을 때부터, 아니 아이를 낳기도 전부터 사람들이 물어보고는 했다. 모유수유는 엄마에게 아이 밥을 줄거니 안 줄거니와 같은 말인 것 같아 왜 이런 것을 물어 보는지 의아했다.

지금 누군가 다시 물어본다면, "고민이 좀 되긴 해요"라고 답을 할 테다. 나는 모유수유를 후회하기 때문이다. 모유수유한 것 자체를 후회한다기보다는 몸 상태를 보지 않고 '극진히도, 무진장 용쓰며 했던 것'을 후회한다.

감사하게도 젖양은 충분했다. 문제는 척추 상태였다. 현대인들은 목·허리 디스크쯤은 감기처럼 달고 산다지만, 모유수유를 무리해서 하다 보면, 아이 밥을 먹이다 엄마 몸이 망가지는 불상사가 생긴다.

수유 자세는 허리를 곧게 펴지 않으면 척추를 힘들게 하는 자세이다. 특히 '초보맘'에게는 더 그렇다. 아이가 젖을 먹는 동안 목과 허리를 제대로 펴기 힘들다. 수유 쿠션을 받치려고 자꾸 발목도 세우게 된다. 이는 종아리에 불필요한 긴장을 가져오고 발목, 발가락, 무릎에도 영향을 준다. 발밑에 발받침을 두면 되는데, 아이가 울면 그걸 챙길 새가 없다. 30초 정도는 울게 둬도 괜찮다지만, 정확히는 초보맘에게 마음의 여유가 없는 것이다.

아이가 젖을 먹는 동안 최소 20~30분은 그렇게 숙이고 있어야 한다. 이것을 또 2~3시간마다 반복한다. 그 사이사이 유축도 해야 한다. 이런 것들이 아니더라도 기저귀 가는 것이나 기본적인 각종 집안일들은, 고개를 숙이고 허리를 굽혀야 하는 경우가 대다수이다. 아이 낳고 몸이 채 회복하지 않은 상태에서 관절을 24시간 내내 쓰는 셈이다.


### 모유수유는 선택이다

모유수유는 엄마의 '선택'이다. 모유수유, 당연히 하면 좋지만, 반드시 해야 할 필요는 없다. 젖이 안 나온다고 죄책감을 가질 필요도 없다. 사람마다 얼굴이 다르고, 키와 몸무게가 다 다르듯이 젖의 양도 다를 수 있다.

그러나 아이를 낳은 날부터 병원에서부터, 또 산후조리원에 들어가는 순간부터 내 가슴은 아이의 것이 된다. 엄마의 의사는 묻지도 않고, 모두가 아이를 위해 다 바치라고 한다.

모유수유가 길어질수록 허리에는 극심한 통증이 전해졌다. 그럼에도 모유수유의 의무감과 장점, 해야만 하는 이유를 세뇌받은 엄마는 아프다는 이유로 모유수유를 중단한다는 것이 말처럼 쉽지 않았다. "모유수유한 애들이 확실히 건강하고 똑똑하더라"라는 세간의 말은 아픈 허리를 부여잡고 또다시 아이에게 젖을 물리는 나날을 반복하게 했다.

그러다 하루는 감기로 병원을 가게 됐는데, 옳다구나 싶어 의사 선생님께 여쭸다. 여성 원장님이라, 얼마나 모유수유를 했는지 궁금했다. 그분은 웃으며 말씀하셨다.

"저희 때는 모유수유가 불가능했어요. 초유라도 먹이면 다행이었죠. 그때 그 시절 육아휴직이 어디 있었나요. 출산휴가 한 달이 전부였어요. 일반 직장이면 유축이라도 했을지 모르겠는데, 아시다시피 병원은 돌발 상황에 늘 대기해야 하는 터라 불가능했죠. 우유 먹이고 키웠지만 애들 다 크게 아프지 않고 잘 컸습니다."

"실례지만, 공부는 잘했나요? 하도 모유를 먹고 커야 똑똑하다는 말을 많이 들어서 여쭤 봅니다."

"둘 다 의대 갔어요."

돌도 안 지난 아이를 붙들고, 모유수유 지속 여부를 고민하는 와중에 아이 공부까지 생각하는 엄마라니. 그러나 그런 엄마 마음을 잘 아는 의사 선생님은 친절하게 말씀해 주셨다.

"모유수유가 좋은 것은 영양도 있지만 정서적인 부분이 커요. 영양적인 부분에서는 초유면 충분해요. 그것이 좀 아쉬우면 영양은 3개월까지, 정서적인 부분은 11개월까지 하면 좋다고 해요. 그리고 모유수유 못하더라도 많이 안아 주면 돼요. 젖이 안 나오는 여성도 정말 많아요. 그렇다고 그런 여성들의 아이가 영양이나 애정 결핍으로 자라지는 않습니다. 모유수유는 아이와의 소통 수단 중 하나일 뿐입니다."

🕐 꿈꾸는 엄마의 미라클 모닝

# 시판 이유식 먹여도 된다

이유식계 베스트셀러이자 스테디셀러인 이유식 관련 책을 선물받았을 때의 충격을 아직도 생생하게 기억한다. 균형 잡힌 영양 식단으로 오랫동안 엄마들의 사랑을 한몸에 받아온 책이었다. 기대를 한껏 품고 책장을 넘기다 소리를 꽥 질렀다. 예시로 나온 식단표 때문이었다.

'아니, 이걸 매 끼마다 해야 한다고?'

아침·점심·저녁 식단이 다르고, 두 번의 간식이 있는데 그 간식도 물론 다 달랐다. 엄마들이 고민하는 부분이 결국은 식단표를 어떻

게 짜느냐인데, 이유식 필독서에 나온 대로 했다가는 종일 부엌에
만 있어도 겨우 해낼까 말까 하는 수준이었다.

## 현실 엄마의 현실 육아

이렇게 해야만 아이가 건강하게 자라고, 이렇게 해 줘야만 좋은
엄마가 되는 것일까. 아무리 한 번에 해서 얼려 놓는다고 하지만,
삼시세끼 다른 이유식을 만들어 주는 것은, '요리 DNA'가 없는 초
보맘에게는 너무나 벅찬 일이었다. 게다가 간식으로 핑거 푸드가
예시로 나오는데 무려 소고기 주먹밥이다. (이건 간식이 아니라 식사 아닌
가.) 이대로 해내려면 장을 보는 시간은 물론 비용도 만만찮을 것 같
았다. 육아휴직 중에도 아이가 잠들면 그 틈을 타 유튜브 영상을 만
들고, 브런치에 글을 쓰며 근근이 자아실현을 이어가고 있었는데,
이 식단대로 하려면 아이가 잠든 중에, 아니 깨어 있을 때도 이유식
만 만들어야 할 판이었다.

'드디어 우리 아이가 이유식을 먹는구나' 하고 설렘 반 기대 반으
로 한껏 부푼 마음으로 시작했던 이유식이었지만, 이내 지치고 말
았다. 허리 통증이 다시 도져서인지 등과 어깨, 목까지 아파 왔다.
이런 상태에서 매일 이유식을 만든다는 것은 상당히 고통스러운
일이었다. 그때 육아 선배이자, 친한 언니가 말했다.

"책에 나온 식단표는 어디까지나 참고하라는 거야. 그렇게 스트레스 받으면서 만들면, 그 스트레스를 아이가 먹는 거야. 엄마가 기분 좋게 만들어야 아이도 맛있게 먹지 않겠어?"

그러면서 시판 이유식을 추천했다. 요즘에는 브랜드도 다양하고 경쟁도 치열해져서 다들 신경 써서 만든다는 것이었다.

"종류도 많아서 브랜드마다 돌아가면서 골라 먹여도 돼. 이유식 만드느라 낑낑대고 아파할 시간에 체력이나 더 길러."

숨통이 트이는 아주 현실적인 조언이었다.


## 육아를 길게, 멀리 가려면

육아는 장기전이다. 엄마가 복직한다고 육아가 끝나는 것도 아니다. 앞으로 갈 길이 먼데, 이제 1년도 안 됐는데, 벌써 지치면 안 되었다. 정신이 번쩍 들었다. 시험 삼아 시판 이유식 몇 개를 주문해 봤다. 신세계였다. 이유식 책에 나온 대로 하려면 한 끼에 보통 최소 3종류의, 육수까지 내는 경우에 많으면 5~6가지의 식재료가 필요하다. 게다가 일일이 하나씩 사고, 식재료를 다듬고 다지고 갈고 끓이고 데우는 등 할 일이 너무 많다. 직접 사서 만든다고 비용을 아끼는 것도 아니다.

그럼에도 죄책감이라는 것이 그림자처럼 따라와서 직접 만들지 않을 수도 없었다. "시판 이유식이 아무리 잘 만든들, 엄마가 직접 만든 것만큼 깨끗하고 믿을 수 있느냐"라는 어른들의 말씀이 자꾸 맴돌았다.

나름의 타협점을 찾았다. 주말에만 이유식을 만들기로 했다. 남편이 아이를 돌봐 줄 때 약 3종류의 이유식을 대량으로 만들어서 냉동실에 얼렸다. 그리고 시판 이유식은 최대 매일 한 끼 정도만 먹이기로 하고, 아이가 지겹지 않게 엄마표 이유식과 시판 이유식을 번갈아가면서 먹였다.

그리고 이유식을 먹인 지 3개월쯤 접어들자, 나름 요령도 생겼다. 일부러 이유식을 만들기 위해 장을 보는 게 아니라, 평소 구비해 둔 식재료를 함께 활용했다. 또 이른바 '밥솥 이유식'으로 시간과 비용을 절약할 수 있었다. 밥솥 이유식은 냉장고에 있는 야채와 고기 등을 모두 갈아서 밥솥에 넣고 '취사' 버튼만 누르면 끝이었다. 소품종 대량생산이 가능하고 시간도 획기적으로 줄일 수 있었다. (이유식 마스터기가 이유식을 만들 때는 편해도 설거지할 때는 번거로운 면이 있다.)

꿈이 있는 엄마에게 시간은 금이 아니라 다이아몬드이다. 그렇게 아낀 시간은 내가 하고 싶은 일, 그리고 체력을 기르는 데 썼다.

# 엄마는 육아만을 위한 존재가 아니다

남성 직장인을 대상으로 벌인 한 조사에서 '라떼파파'를 원하는 아빠들이 절반 이상이라는 결과가 있었다. 라떼파파는 '한 손에는 카페라떼 커피를, 다른 한 손에는 유모차 손잡이를 잡은 아빠'를 가리키는 말로, '육아에 적극 나서는 아빠'를 의미한다. 스웨덴에서 유래한 말이다. 2020년 9월 구인구직 플랫폼 '사람인'이 직장인 1,153명을 대상으로 육아휴직 사용 계획에 대해 물어 본 결과, 남성 응답자 중 53.9퍼센트가 "있다"라고 답했다. 대기업 재직자가 61.3퍼센트로 가장 많았고, 중견기업(51.7퍼센트)과 중소기업(53.4퍼센트)은 비슷한 수준이었다. 실제 계획 여부에 상관없이 사용을 원하는 남성은 89.2퍼센트에 달했다.

## 워킹맘 vs 라떼파파

기분이 묘했다. 왜 일하는 엄마는 '워킹맘'이고, 일하는 아빠는 '워킹파파'가 아닌 '라떼파파'일까? 전자는 '집'에 있던 엄마가 '일'을 하니 '워킹'에 방점이 찍히고, 후자는 '일'하는 아빠가 '아이'를 돌보니 '라떼' 같은 달콤한 별칭이 붙은 것일 테다. 그래도 육아를 함께 한다면야 카라멜이든, 마끼아또든 라떼보다 훨씬 달콤한 별칭도 기꺼이 불러 줄 수 있다.

'엄마'는 육아만을 위한 존재가 아니다. 워킹맘도 자기 자신을 위해, 또 자신이 가치 있다고 여기는 것을 위해 소중한 시간과 노력을 쓸 권리가 있다. "집에서 애나 볼 것이지" 하고 손가락질을 하는 것이 아닌 따뜻한 응원과 위로가 필요하다.

그러나 육아휴직을 마치고 복직하는 순간부터, '편견'은 언제든 워킹맘을 공격할 수 있도록 호시탐탐 기회만 노리고 있었다. 남녀 차별에 대한 이야기가 아니다. 업계 안팎에는 멋지고 존경하고픈 남성 동료들도 많다. 어디나 늘 그렇듯, 항상 문제는 목소리 큰 '꼰대님들'과 일부 공감대 부족한 사람들이 일으킨다. 여성이라고 예외도 아니다. 육아휴직이 없던 시절, 온갖 고초를 감내했던 일부 회사 여성 상사들의 '라떼'는 워킹맘들의 고개를 꺾어 버린다. 겪어 보지 않고서는 설명하기 힘든, 육아를 경험해 보지 못한 어린 후배들도 어렵기는 매한가지이다.

주변에서 하나둘씩 임신하기 시작하자 "여자는 애 낳으면 전투력이 사라진다"라는 말이 업계에서 나돌기 시작했다. 불편한 기색을 보이면 "모성애란 게 (성과가 떨어져도) 다 그런 거니 이해한다"라고 했다. "엄마가 됐으니 너무 애쓰지 않아도 된다. 애 키우는 것만으로도 충분히 힘들 테니까"라는 말도 위로의 말이라고 애써 긍정했다.

유리천장이 우리 부모 세대에 비해 많이 얇아졌다지만, 여전히 '엄마'는 조직 내에서 운신의 폭이 좁기만 했다. 일례로, 남성 직원의 경우에는 "쟤는 처자식이 있어 참 절실하게 일해", 행여 무슨 잘못을 저질러도 "처자식도 있는 애가 절대 그럴 리 없다"라고 감싸주지만, 여성은 "애 때문에 일을 못한다"라고 비난한다.

한편으로는 이런 생각도 들었다. 남성보다 체격이나 체력적으로 약한 여성을 보호(?)하고 엄마가 된 직원을 사측에서 먼저, 알아서 '배려'해 주는 차원일거라고. 그러나 일에서의 만족감이나 성취를 중요하게 여기는 여성은 그것을 '기회의 박탈'로 여긴다. 반대로 남성은 워킹맘에게는 시키지 않는 궂은 일만(?) 도맡는다고 느낄 테다. 이래서 젠더 갈등의 악순환이 벌어지는 것은 아닐까.


## 엄마도 일합니다

만 10년차가 되던 해 복직했다. 앞으로 내가 어떻게 하느냐에 따라 워킹맘에 대한 편견 개선 여부가 달린 것 같았다. 그만큼 한 아이의 엄마이자, 여성으로서 강한 책임감을 느꼈다. "여자는 애 낳으면 전투력이 사라진다"라는 말을 적어도 우리 후배들은 듣지 않도록 하고 싶었다.

나 역시 선배들이 워킹맘의 길을 닦아 놓은 덕에 수월한 면도 있었다. 입사했을 때도 육아휴직이 있었지만 '애 낳은 게 벼슬이냐'라는 분위기가 만연했다. "임신했다"라는 말조차 꺼내기 힘든 시절이었다. (언론사뿐만 아니라 사회전반의 인식이 그랬다.) 그러나 선배들은 당당히 요구했다. "생명은 벼슬이 아니라 축복"이라고, "생명이 탄생하는데 왜 축하 대신 비난받아야 되느냐"라고 외쳤다. 국가에서 보장한 엄마의 권리를 그제야 손에 넣을 수 있었다.

그렇게 수년이 흘러 내가 아이를 품었을 때, 육아휴직을 낸다고 해도 (속으로 무슨 생각을 한들) 눈치를 주는 사람은 단 한 명도 없었다. 이제는 내 차례이다. 후배들이 아이 때문에 애쓰는 일이 없기를 바라며 오늘도 힘차게 출근한다.

🕐 꿈꾸는 엄마의 미라클 모닝

# 육아휴직이 아닌 육아 파견

육아휴직도 없던 우리 엄마 세대에 비하면 지금은 아이 키우기 더없이 좋은 환경이라지만, 세상이 변한 속도를 사람들의 인식은 따라오지 못했다. 보잘 것 없다고 여겼던 내 몸에 생명이 움트고, 그 사실을 알게 된 순간에도 행복을 만끽할 새도 없이, 나는 멱살을 잡혀 '육아'와 '일'이라는 갈림길 앞에 내동댕이쳐진 것 같았다.

육아휴직을 하면서 느꼈다. '육아휴직'이라는 단어가 얼마나 모순적인지, 육아가 얼마나 힘든 '일'인지. 아이를 키운다고 일을 하지 않는 것은 결코 아니다.

2~3시간마다 수유하고 유축하고, 배가 고프지 않아도 애 밥을 만들고 먹이려면 내 밥도 잘 챙겨먹어야 했다. 우는 아이를 어르고 달

래며 반찬 뚜껑만 연 채 서서 입 안에 한 끼 욱여넣고, 아이가 잠든 잠깐의 틈에도 설거지를 해야 했다. '저녁에 한꺼번에 해야지' 방치했다간, 저녁에 그대로 쓰레기통에 버려 버리고 싶은 것이 설거지였다.

치워도 아무 일이 없었다는 듯 어느 사이 다시 어질러져 있는 집, 누워서 짧은 팔다리만 파닥거리는 이 생명체는 도대체 하루에 옷을 몇 벌이나 갈아입는 것인가. 분명히 내 몸뚱아리는 집안에만 있는데, 엉덩이 붙일 틈도 없이 분주하기만 했다.

밤낮이든 집 안팎이든 시공간을 초월해서 아이 울음소리가 환청으로 귓가에 맴돌았다. 자꾸 아이 울음소리가 들리는 듯, 어미는 미어캣마냥 목을 길게 빼고 잔뜩 긴장한 채 고개를 치켜세운다. 이미 포기한 잠이기는 하지만, 잠이 들어도 조금도 잔 것 같지 않은, 구름 위를 걷는 상태에서 육아'휴직'이라는 아이러니한 기간은 쏜살같이 지나갔다.

우는 아이 겨우 달래고 한숨 돌리며 유축기를 꺼내든 어느 날, 선배로부터 톡이 왔다.


"잘 쉬고 있지?"


분명 선배는 안부를 묻기 위해 잘 쉬고 있냐는 말을 한 것이겠지만, '쉰다'는 말에 단전에서 뭔가가 울컥 올라왔다. 한 손으로 유축을 하면서 다른 한 손으로 구글에서 '육아'를 검색했다. 육아의 정의는 무엇이길래 이렇게 온도차가 있는 것인가. 가장 먼저 뜬 나무위키 검색의 첫마디부터 무릎을 탁 치게 만든다.

육아(育兒): 자녀를 기르는 것, 좁게는 초등학생까지의 어린 자녀를 기르는 것부터 넓게는 자녀의 취업과 자립을 도와주는 것을 뜻한다. 농사에 빗대서 '자식 농사'라 하기도 한다. 근데 진짜 농사만큼 손이 많이 가고 힘들기도 힘들다. 겪어 보면 안다. 이런 점 때문에 일각에서는 '돌봄 노동'이라고도 한다.

'육아휴직'이란 단어는 정말이지 잘못된 단어가 맞았다. "육아휴직 들어갑니다"가 아니라 "돌봄 노동 다녀오겠습니다" 혹은 "1년간 가정에 육아 파견 다녀오겠습니다"라는 표현을 쓰는 편이 더 적확할 것이다. 육아휴직 대신 '육아 파견'이라 바꾸자고 당장 청와대 게시판에 민원이라도 넣어 볼까?

## 매 순간이 골든타임인 육아
확실하다. 육아는 엄연한 노동이었다. 더구나 꼼지락거리는 작은 생명체를 세상에 조금이라도 기여할 수 있는 인간으로 키워 내야 하는 부단한 과정이다. 그저 매 순간이 골든타임이다. 어쩌면 365일 휴식 시간 없이 부모에게 노동이 주어지는 시련기일지도 모른다. 육아가 힘든 것은 모든 게 처음이고 그러한 낯선 순간의 연속이기 때문이다. 아기가 뱃속에 있을 때부터 인터넷 '맘카페'를 돌아다니고 육아 관련 이론이 담긴 책들을 여러 권 사들이기도 했지만 육아는 글로만 터득할 수 있는 것은 아니었다. 뜻대로, 계획대로 되는 것은 조금도 없었다.

육아는 엄마에게도 커다란 성장통이었다. 아이를 낳았다고 해서 저절로 '진짜 엄마'가 되는 것은 아니었다. 철부지 여성에서 엄마 역할을 수행해 낼 엄마가 되기까지는 시간이 걸린다. 적어도 이 아이를 지켜 주려면 나부터 성장해야 했다.

그렇다고 아이가 "엄마, 그럼 성장하고 오세요" 하고 기다려 줄 리 없다. 선물처럼 와 준 내 딸을 눈물과 한숨 속에서 키울 수는 없었다. 내가 딸 덕분에 얼마나 행복한데, 그런 고마운 아이를 미소와 웃음 속에서만 키우고 싶었다. 그렇게 사랑으로 지켜야만 한다.

# 꿈꾸는 엄마를 위한 시간 관리 Tip

## 1. 집안일에 쫓기지 않는 법

시간에 쫓기는 것과 시간을 허투루 쓰는 것은 다르다. 지금 흘려보내면 다시는 오지 않을 시간을, 하고 싶지 않은 일로 채우지 말라. 부족한 시간을 집안일하는 데 너무 많이 쏟고 있다면, 집을 지저분하게 만드는 좋지 않은 습관부터 고쳐 보자. 최소한의 시간과 노력으로 깔끔해질 수 있는 방법을 찾아보자.

### 1) 한 번에 모든 동작을 끝낸다

미루지 않고 한 번에 동작을 끝내는 것이 집도 깨끗하게 만들고, 시간과 에너지를 아끼는 지름길이다.

### 2) 정리정돈을 습관화 한다

핸드폰, 지갑, 안경처럼 중요하거나 자주 쓰는 물건은 일정한 장소에 보관한다. 소금, 간장 등 매일 쓰는 식재료 등은 요리하다가도 팔만 뻗으면 바로 닿을 수 있는 위치에 둔다. 박스나 수납통을 이용해서

선반이나 서랍을 뒤적이지 않아도 한눈에 보고, 바로 집을 수 있도록 한다.

3) 무선 이어폰을 활용한다

무선 이어폰은 엄마에게 두 팔의 자유를 허락하고 틈새 시간에 지식 쌓기를 도와주는 훌륭한 도구이다. 설거지를 하면서 주식이나 영어 등 유튜브나 팟캐스트를 듣는 것도 가능하다.

4) 독박육아를 아웃소싱하라

혼자서 아이를 돌보기 힘들다면 아이 돌봄 앱에서 2~3시간만이라도 아이와 놀아 줄 베이비시터를 구한다. 나의 시간을 만들어 줄 뿐만 아니라 육아를 버티게 해 줄 체력도 비축할 수 있다. 반찬도 비정기적으로 구매해서 먹는다.

## 2. 남의 편을 내 편으로 만들어라

육아는 '도와주는' 남편 말고, '함께'하는 남편이 필요하다. 육아에 필요한 일을 종류별로 분담한다. 예를 들어, 저녁 준비 및 설거지는 엄마, 아이 목욕은 아빠 몫으로 구분하는 식이다. 엄마의 새벽 2시간 모닝레시피만큼은 아빠가 지켜 주기로 했다. 퇴근 뒤 아빠가 오기까지는 엄마가, 새벽에 아이가 깼을 때는 아빠가 출동한다.

1) 남편이라도 말하지 않으면 모른다. 대화를 자주, 충분히 하라.

2) 육아를 도와주는 남편이 아닌 함께하는 남편으로 만들자.

3) 육아와 살림 때문에 바쁘더라도 혼자만의 시간을 사수하자.


## 3. 육아관을 재정립하라

육아란 아이가 스스로 독립할 수 있도록 부모가 힘을 길러 주는 과정이다. 아이는 부모의 소유물이 절대 아니다.


### 1) 모유수유하지 않아도 괜찮다

모유수유는 엄마의 '선택'이다. 모유수유, 당연히 하면 좋지만, 반드시 하지 않아도 괜찮다. "모유수유한 아이들이 확실히 건강하고 똑똑하더라"라는 신화를 맹신하지 말자.


### 2) 시판 이유식을 먹여도 괜찮다.

이유식을 만드느라 너무 많은 시간을 빼앗겨서 힘들다면 과감히 시판 이유식을 주문하라. 요즘에는 브랜드도 다양하고 경쟁도 치열해져서 시판 이유식도 잘 나온다. 직접 만든 이유식과 병행하는 것도 한 방법이다.

# 4장

# 미라클 모닝으로
# 시간을 아껴 쓰는 법

\* \* \*

"시간을 선택하는 것은 시간을 절약하는 것이다."

- 프란시스 베이컨(Francis Bacon), 철학자

# 하루를 생산적으로 계획하라

미국 시카고의 빈민가에서 태어난 한 여성이 남편을 미국 최초의 흑인 대통령으로 만들었다. 바로 미셸 오바마(Michelle Obama)이다. 소위 '흙수저'에서 백악관까지 이어진 그녀의 삶을 이야기할 때 빠지지 않는 것이 바로 새벽 기상이다.

어려서부터 지기 싫어 했던 미셸은 새벽 4시에 일어나 공부했던 악바리로 유명하다. 그녀가 프린스턴대학교에 지원하겠다고 하자, 교사가 "성적에 비해 눈이 너무 높다"라고 한 일화도 전해진다. 그녀는 포기하지 않았고 당당히 대학에 합격했다. 이후 하버드대학교 로스쿨에도 진학했다. 졸업 후에는 유명 로펌을 마다하고 지역 공동체를 위해 일했다. 그녀는 자신이 속한 조직을 10배 이상 키웠다.

## 새벽 4시 30분부터 시작하는 하루

미셸은 오전 4시 30분에 일어나 체육관에 가서 운동을 했다. 약 1시간 반 동안 들어올리기, 걷기, 계단 밟기, 자전거 타기 등으로 땀을 쏟았다. 건강은 물론, 공인인만큼 외모 관리도 필요했지만, 다른 이유도 있었다. 미셸의 딸들이 어렸을 때, 일부러 새벽에 체육관에 갔다고 한다. 미셸 역시 일을 놓지 않고 동시에 두 딸을 키우며 집 안일까지 해야 했다. 그러다 '독박 육아'에 지친 그녀는 남편이 딸의 아침을 직접 챙기게 하기 위해 새벽마다 집을 떠나 헬스클럽으로 향한 것이다.

그녀로서는 남편을 육아에 동참시키고, 자기 관리도 해낸 셈이다. 그리고 오바마 대통령도 잠시나마 두 딸을 챙기면서, 육아로 인해 얼마나 많은 여성이 힘든지 몸소 체험했으리라.

일찍 일어난다고 모두가 성공하는 것은 아니다. 그러나 성공한 사람들 대부분은 일찍 일어난다. 새벽은 세상이 깨어나는 시간이다. 원시적인 기운이 감도는 것 같은 시간이기도 하다. 사람들 대부분이 잠들어 있는 시간에 홀로 일어나 자신의 일을 계획하고 이를 진척시키는 것은 이미 승리한 듯한 기분을 안겨 준다.

명상을 하든 글을 쓰든, 자기 자신을 위해 조용히 생각에 잠길 수 있다는 시간이 있다는 것만으로도 근사한 선물이 된다. 또 상사나 친구들이 자정까지 메시지를 보낼 수는 있어도 새벽 4~5시 무렵에 하기는 어렵다. 이렇게 방해받지 않고 하고 싶은 일을 집중해서 할 수 있는 시간이 생기고, 이는 또 하루를 활기차게 보낼 추진력이 된다.

## 새벽을 주도하는 사람들의 습관

지난 2016년 6월 23일 월스트리트저널(WSJ)은 세상을 리드하는 사람들의 이야기를 실었다. 이들은 모두 아무 방해도 받지 않는 새벽 4시가 '가장 생산적인 시간'이라고 입을 모았다. 가장 대표적인 인물은 애플의 팀 쿡 최고경영자이다. 그는 하루 일과를 새벽 3시 45분에 시작한다. 쿡은 사무실에 제일 먼저 도착해 가장 늦게 퇴근한다.

그래픽 디자인 회사 창업자인 루스 페리(Ruth Perry)도 새벽 4~6시가 "하루 중 가장 계획적인 시간"이라고 강조했다. 그는 2015년 셋째 딸이 태어나면서 새벽 4시에 알람을 맞췄다. 일어나자마자 이메일을 체크한 뒤 운동을 했고, 밤 10시면 잠자리에 들었다. 페리는 "일찍 일어남으로써 남들보다 유리한 위치에 서 있다고 느낀다"라며 "더 늦게 잔다면 아마 TV를 보거나 둔해진 머리로 컴퓨터를 했을 것"이라고 했다.

이들이 새벽에 일어나 하루를 시작하는 것은 워커홀릭이어서가 아니다. 아무 방해도 받지 않고 조용히 일에 집중하기 위해서이다.

심리학자 조쉬 데이비스(Josh Davies)는 어질러진 책상, 이메일 도착 알림, 핸드폰, 페이스북 등은 주의를 산만하게 하는 요소라며 아무도 연락을 하지 않는 새벽 4시가 집중이 잘 된다고 설명했다.

미국 뉴욕의 사업가 피터 쉐크만(Peter Schekman)도 새벽 4시에 일어나 거리를 달린다. 그는 "만일 거리에서 사람들과 부딪치는 것을 피하기 위해 노력하거나, 아는 사람을 마주친다면 아이디어가 떠오르지 않을 것"이라고 말했다. 이후 오전 7시에 샤워를 하고 책상에 앉아 일을 시작한다. 일은 평소보다 빠른 속도로 처리한다. 그는 저녁 8시 30분이면 잠자리에 든다. 쉐크만은 일찍 잠이 들면 밤 10시에 아이스크림을 먹는 것 같은 멍청한 짓을 할 수 없고, 세 살짜리 딸에게 아침 식사를 만들어 줄 여유가 생긴다며, 새벽 기상의 즐거움을 언급했다. 월가의 임원이었던 샐리 크로첵(Sallie Krawcheck) 역시 "내게 새벽 4시보다 생산적인 때는 없다"라고 말했다.

이처럼 새벽 기상은 증명된 성공 가설이다. 누구나 반복적인 행동이 몸에 좋은 기억으로 남는다면, 성공한 사람들처럼 일찍 일어나는 습관을 고수할 수 있다.

🕐 꿈꾸는 엄마의 미라클 모닝

# 계획했다면 바로 실행하라

유튜브를 시작하고 나서 후회하는 게 있다.

'왜 조금 더 빨리 시작하지 못했을까?'

할까 말까 고민하느라, '회사에서 뭐라 하면 어쩌지?'라며 일어나지도 않은 미래를 걱정하느라 보낸 그 시간이 너무 아깝다. 유튜버가 되고 나니, 그전에는 결코 느끼지 못했던 보람과 재미, 기쁨이크다.

"나도 유튜브 할거야"가 직장인 3대 허언 중에 하나라고 한다. 실제로 유튜브를 해 보니 힘에 부칠 때도 많다. 특히 출산 뒤에는 촬영한 지 1년이 다 되도록 손도 못 댄 영상도 수북하다. 아이템을 짜내고, 혼자 촬영하는 것도 여간 어려운 일이 아니다. 그럼에도 묵묵히 3년 넘게 이끌어갈 수 있었던 것은 나를 찾는 즐거움과 유튜브를 통한 브랜딩의 맛을 안 덕분이다.


## 기자로서의 나를 돌아보다

2011년 한 언론사에 기자로 입사해 지옥 그 자체였던 수습 기간을 지나, 이제는 그 시절도 웃으며 얘기할 수 있는 만 10년차 기자가 됐다. 숨만 잘 쉬고, 큰 사고만 치지 않는다면 60세 정년까지, 월급 따박따박 받으며 살 수 있을 테다.

'기자 김연지'로서의 나 자신을 돌아보게 된 것은 단순히 힘듦의 문제는 아니었다. 기자는 '이래야만 한다'라는 이른바 '기자다움'을 강요하는 문화에, 점점 나다움을 잃어 가고 있었다. 내가 좋아하는 '글'이란 수단으로 조금 더 따뜻한 세상을 만들어 보겠다고 기자란 직업을 택했는데 어느새 목적과 수단이 바뀌고 있었다. 인정받기위해 열심히 일하다 보니 어느새 회사 일만 하고 나는 없는 것 같은 그런 기분을 직장인이라면 누구나 한 번쯤은 느꼈을 것이다.

이처럼 현실과 이상의 괴리 속에서 괴로워하다가도, 또 이를 버틸 만한 기쁨과 보람의 날들이 '짠' 하고 나타나면서 기자 생활을 연명해 나갈 즈음, 유튜브 붐이 일었다.

시대가 바뀌고 있었다. 자라나는 세대들은 물건을 사도 제품 설명서 대신 유튜브에서 검색했다. 어르신들도 텔레비전 대신 유튜브에서 뉴스를 보고 음악도 즐겼다. 모든 연령대의 관심사를 충족할 만한 다양한 콘텐츠가 무수히 많고, 또 핸드폰만 있으면 누구나 쉽게 접근할 수 있는 것이 유튜브였다.


## 지금은 유튜브 시대

지난 2018년 8월까지만 해도 유튜브 1인당 평균 이용시간은 1,077분, 약 18시간이었다. 이로부터 1년 뒤 유튜브 이용 시간은 약 300분 증가한 1,391분을 기록했다. 그리고 2021년 2월 기준, 10대의 평균 이용시간은 무려 2,812분, 약 23시간으로 집계되었다. 국내 핸드폰 사용자의 88퍼센트가 유튜브를 하루 평균 한 시간씩 이용하는 셈이다.

사양 산업 가운데 하나로 꼽히는 언론·미디어의 탈출구가 유튜브는 아니다. 그러나 관행처럼 해 오는 속보 및 특종 경쟁으로 독자를 유입하기에는 한계에 다다른 듯했다. 텔레비전 뉴스 시청률과 신문 구독률은 계속 떨어지고 있다. 그렇게 힘들게 '언론 고시'를 뚫고 입사해 밤낮으로 취재하고 발품을 들여 기사를 써도, 사람들이 더 이상 봐 주지 않는다. 네이버, 다음 등 포털사이트의 알고리즘 간택을 받아야만 사람들 시선에 겨우 닿을 수 있는 것이 현실이다. 그러나 포털 뉴스도 이제는 유튜브에 밀려 그 접점을 잃어 가는 추세이다.

이렇게 미디어 환경은 급변하는데 입사한 지 10년이 넘도록 기자인 내가 하는 일은 조금도 바뀌지 않았다. 지금은 기자보다 더 전문성을 갖춘 사람들도 많아지고, 누구든 마음만 먹으면 1인 미디어가 될 수 있는 세상이다. 기자라는 직업이 없어지지는 않겠지만, 고용 형태가 달라질 것이라는 생각이 들었다. 월급을 안 줘도 되고, 노조 만들 일도 없는 '로봇 기자'도 늘어나는 마당에, 적어도 지금처럼 정규직 채용에 '복사+붙여넣기'를 해도 잘리지 않는, 안정적인 고용 환경은 오래가지 않을 것 같았다.

## 강의하는 기자 유튜버

나는 회사에 허락을 구하고 2017년 11월, 유튜브 채널을 개설했다. 유튜브는 그 가능성을 확신하게 했다. 또 '기자 김연지'라는 브랜드를 확장시켰다. 이전에는 하지 못했던 것들이 유튜브를 통해 이뤄지기 시작했다. 기사에 달린 댓글만으로는 아쉬웠던 독자와의 직접적인 소통이 가능해졌다. 유튜브에는 국경도 없었다. 해외에서도 내 영상을 봐 주는 사람들이 생겼고, 외국인 구독자도 늘었다. 기사뿐만 아니라 내 이야기를 들어 줄 사람을 모을 수 있다는 것, 관객을 모은다는 것, 내가 만든 콘텐츠를 보러 사람들이 보러 와 준다는 것은 무엇과도 바꿀 수 없는 자산이었다. 기사만 쓸 때는 상상할 수 없던 일이었다.

새벽 기상 이후로는 새벽 시간 틈틈이 영상 편집을 했다. 아이를 낳을 즈음만 해도 1만 명도 안 되었던 구독자는 4만 명을 훌쩍 넘겼다. 특히 베이비박스 실태 및 사각지대, 그리고 기부를 다룬 영상은 237만 회를 기록했다.

아이 관련 영상도 조회수가 좋았다. 임신하고 나서부터 출산하는 과정까지를 영상으로 담았는데, "임신과 출산, 육아에 대해 간접 경험을 한 것 같아 고맙다"라는 인사를 예비 엄마로부터 받기도 했다.


## 업과 덕의 일치가 가능한 이유

유튜브 영상에 사람들이 더 생각해 봤으면 하는 것, 고민할 거리, 또 관심과 응원이 필요한 곳을 담으려 했다. 예를 들어, 쿠팡의 새벽 배송 이슈가 터졌을 때는 실제 배송하는 사람들은 어떤 어려움이 있는지, 시각 장애인은 어떻게 스마트폰을 쓰는지, 5G 요금제에

숨겨진 비밀은 무엇인지, 통신비를 아끼는 방법 등에 대한 영상을 올렸다. 그중에서도 입양 등 현행법에 대한 문제와 그 사각지대를 다룬 베이비박스 영상으로 구독자가 크게 늘었다.

기사도 쓰고 영상 콘텐츠도 만드느라 힘은 들지만, 영상의 '좋아요'가 평균 99퍼센트라는 것은 응원과 위로가 된다. 화려한 자막이나 영상미가 떨어지더라도, 즐겁게, 또 진정성 있게 하다 보니 조금 더 나은 내일을 위한 콘텐츠를 만들겠다는 진심만큼은 사람들에게 전해진 것 같다.

유튜브를 처음 시작할 때는 확언 노트를 쓰지 않았다. 대신 플래너에 '10만 구독자 달성'을 투두 리스트에 매일 썼다. 그리고 내가 올린 영상에 달린 댓글을 모두 읽어 사람들의 반응을 살피고, '좋아요' 개수를 세어 보는 상상을 했다. 유튜브 관련 강의는 물론 '좋아하는 일을 직업으로 삼아라', '효과적인 시간 관리법' 등의 메시지를 전할 수 있기를 매일, 열렬히, 희망했다.

이런 생생한 목표를 잡은 지 정확히 6개월 만에 한국언론진흥재단에서 연락이 왔다. 기자와 PD를 대상으로 '기자의 유튜브 활용법'에 대한 강의 요청이 온 것이다. 이후 거짓말처럼 연이어 한 달 새 강의를 두 번 더 나갔다. 지금도 공공기관이나 타 매체에서 '유튜브하는 기자', 'IT 전문기자'로서 강의나 기고 요청도 제법 들어온다. 현직 방송 기자라 인연이 닿지는 못했지만, 타 방송사에서도 잇달아 고정 출연 요청이 들어왔다.

'기자 김연지' 유튜브에서는 '유익한 정보로 세상의 온기를 채울 수 있다'는 브랜딩을 통해 더 많은 기회를 얻게 됐다. 외부 기고나 강의, 칼럼, 필진, 타 방송 출연, 전문위원 등으로 커리어를 확장했다. 기사를 쓰고 리포트만 하던 것에서 나의 역량이, 가능성이, 일에서 느끼는 행복의 범주가 넓어졌다.

만약 '유튜브를 해야지' 하고 생각만 하고 시작하지 않았다면, 꿈도 꾸지 못했을 성과이다. 어렸을 적 발레가 하고 싶었지만, '언젠가 해야지'라고 미루고만 있다 끝내 시도조차 하지 못했던, 어린 발레리나를 품고 있는 나는, 이제는 하고 싶은 게 생기면 바로 실행한다. 모닝레시피로 내 안의 목소리를 절대 무시하거나 방치하지 않고 곧바로 움직이는 힘을 길렀다.

# 사소한 일도 반복하라

갑작스러운 사고로 지금은 별이 된 코비 브라이언트(Kobe Bryant)는 여전히 NBA의 전설적인 선수로 손꼽히는 슈퍼 스타이자 연습벌레이다. 특히 그는 '새벽 4시부터 훈련하는 선수'로 잘 알려져 있다. 트레이너조차 혀를 내두를 정도로 엄격한 루틴을 지킨 그이다.

NBA 코치 출신이자 기업 코칭 전문가인 엘렌 스테인 주니어(Allen Stein Jr.)가 쓴《승리하는 습관: 승률을 높이는 15가지 도구들》에는 코비의 일화가 상세하게 나와 있다.

코비에게 훈련 모습을 지켜보게 해달라고 부탁한 엘렌은 새벽 4시부터 훈련한다는 코비의 말을 듣고, 새벽 3시 30분쯤에 도착했다. 엘렌이 훗날 그와의 추억을 회상하면서 말하기를 '코비보다 먼저 도착하면 자신이 얼마나 진지한 트레이너인지 보여 줄 수 있을 것'이라 생각했다고 한다.

체육관은 이미 불이 켜져 있었고, 조용히 옆문으로 들어가자 코비는 이미 땀에 흠뻑 젖어 있었다. 그는 실제 운동을 시작하기에 앞서 강도 높은 워밍업을 하고 있는 중이었다. (……) 그야말로 충격에 빠졌다. 나는 세계에서 가장 뛰어난 선수가 가장 기본적인 훈련을 하는 것을 지켜봤다. 최고의 선수가 기본적인 핸들링을 하는 것을 지켜봤다. 최고의 선수가 기본적인 풋워크를 하는 것을 지켜봤다.

엘렌은 코비에게 물었다.

"세계에서 가장 뛰어난 선수인데, 왜 그렇게 기본적인 훈련을 하죠?"
"제가 왜 경기에서 뛰어날 수 있다고 생각하세요? 절대 기본적인 동작에 싫증 내지 않기 때문이에요."

## 기본을 반복하면 최고가 된다

3점슛의 대명사 스테판 커리(Wardell Stephen Curry II)도 매일 새벽 기본기를 훈련하는 선수 가운데 한 명이다. 그는 NBA에서 경기 종료

휘슬이 울릴 때 3점슛을 기가 막히게 성공시키는 모습으로 팬들의 마음을 단숨에 사로잡기도 했다. 그는 깜깜한 새벽, 아무도 없는 체육관에서 자유투 100개를 연이어 날리며, 맹렬한 훈련을 했다.

코비와 커리는 '새벽'에 기본기 훈련을 마쳤다. 본격적인 하루가 시작하면 본 훈련에 돌입한다. 기본기가 가장 중요하다고 생각했기에 에너지가 가장 넘칠 때 완벽한 기본 훈련을 끝낸 것일 테다. 그리고 다른 선수들은 곤히 잠든 동안 이미 기본 훈련은 다 마쳤기에 본 훈련에서는 더욱 집중력 있고 뛰어난 기량을 발휘할 수 있었던 것이 아닐까?

대수롭지 않은 사소한 습관일지라도 새벽 2시간 훈련을 매일 수년간 반복한 결과, 코비와 스테판 커리는 슈퍼스타의 반열에, 그렇지 않은 선수는 벤치를 지키고 있다.


## 사소한 습관이 가져 오는 결과

나는 초등학교 1학년 때부터, 하루도 빠짐없이 6년 동안 꼬박꼬박 일기를 썼다. 여덟 살부터 일기를 쓰면서, 하루 동안 한 일과 감정을 되집어 보는 훈련을 한 셈이다. 선생님의 칭찬을 받기 위해 일기를 썼지만, 일기를 쓰면서 내 마음을 살피고 있었다. 일기는 내 자신이 누군지 늘 돌아보게 하고 '나다움'을 지켜 줬다. 일기는 방황하던 사춘기 시절, 삶의 방향을 잡아 주는 길잡이가 되었다. 새벽 기상을 하면서부터는 나만의 이야기를 담은 글쓰기를 시작했고, 그것을 브런치에 올리고 있다.

브런치에는 한국기자협회소속 대한민국 1호 유튜버 기자로서의 유튜브 브랜딩, 엄마가 되는 과정, 직장인의 자아 찾기 등 다양한 주제의 글을 브런치에 싣고 있다. 재미있는 것은 기고나 타 방송 출연 요청이 내가 쓴 기사나 리포트가 아닌 브런치나 유튜브를 통해 들어온다는 것이다. 힘들게 눈 뜬 새벽, 하얀 바탕에 까만 글을 써 내려가는 힘은 이런 마법도 한 술 보태 준다.

사소할지라도 당신을 행복하게 하는 것은 무엇인가? 새벽을 깨울 만큼 당신을 설레게 하는 것이 있는가? 새벽에 무엇을 한다면 달콤한 이불을 매일 박차고 나올 수 있을 것인지 생각하고 움직여 보라. 새벽이 주는 힘은 생각하는 것보다 훨씬 놀랍다.

# 이브닝 루틴을 세워라

일본 문학의 거장 무라카미 하루키(村上春樹)의 하루도 새벽 4시에 시작한다. 일어나면 커피 한 잔을 내린 뒤 원고지 20매를 쓴다. 5~6시간 정도 걸리는데 이는 그가 40여 년 동안 하루도 빠짐없이 매일 지켜 온 루틴이라고 한다. 글이 잘 써지든, 그렇지 않든 반드시 집필할 양을 지킨다. 그리고 달리기나 수영을 한다. 이후에는 책을 읽고 음악을 듣고, 저녁 9시에 잠자리에 든다.

하루키가 단조롭고 따분할 정도로 몇 가지 일련의 행동을 수십 년간 반복하는 것처럼, 루틴은 특별히 의식하지 않은 상태에서 자동적으로 하는 행동, 습관 같은 것이다. 운동 선수들이 최상의 결과를 내기 위해 반복적으로 하는 자신만의 고유한 동작이나 절차를

뜻할 때도 루틴이라는 용어를 쓴다.

골프 황제 타이거 우즈(Tiger Woods)의 루틴도 유명하다. 그는 우선 타겟을 바라보며 빈 스윙을 두 번 하고 뒤로 이동한 다음, 땅에 채를 떨군다. 그리고 세 발자국 이동해 어드레스, 웨글 2회, 타깃을 보고 1회 웨글, 그리고 나서야 스윙을 한다. 우즈는 자신이 좋은 샷을 할 수 있는 이유에 대해 이렇게 답했다.

"매번 같은 루틴을 진행하기 때문이다."


## 징크스를 깨는 루틴의 힘

우리나라에서는 선수들의 이 같은 행동을 '징크스'라고 하기도 한다. '루틴'은 뭔가 지루하게 반복되거나 판에 박힌 일상을 표현할 때 쓰기도 한다. 관성과도 닮았다. 정지한 상태의 물체는 외부 힘 없이는 계속 정지해 있으려 하고, 움직이는 것은 방해 요인이 없는 한 계속 움직이려는 것이 관성이다. 즉 복잡한 사고 과정을 거치지 않고 반복하는 것이 루틴이다.

그래서 루틴은 긍정적으로 쓰이기도 하지만, 부정적으로 쓰일 때도 많다. 아무리 사소한 루틴이더라도 좋은 루틴인지 나쁜 루틴인지는 오랜 시간 반복된 뒤에 그 결과에서 극명하게 나타난다. 즉,

반복적인 행동이 몸에 좋은 기억으로 남게 되면 성공으로 이끄는 좋은 루틴이, 반대라면 실패로 끝나는 나쁜 루틴이 될 테다.

미라클 모닝도 마찬가지이다. 꾸준한 새벽 기상을 이어 온 것은, 눈뜬 뒤 2시간 동안 내가 하고 싶은 것을 하면서 만족감을 누리고, 이 기분이 좋은 기억으로 남는 과정이 반복된 덕분이다. 이제는 알람 없이도 일정한 시간에 저절로 눈이 떠지는 모닝 루틴을 고수하게 됐다.

명심해야 할 게 있다. 순조로운 모닝 루틴은 이브닝 루틴부터 시작된다는 것이다. 이브닝 루틴은 잠자리 바로 전에 실행하는 잠자리 루틴과는 다르다. 새벽 기상을 결심한 뒤 시행착오를 반복하면서 깨달았다. 단지 새벽에 '눈 뜸, 깨어남'이 전부가 아닌 '일관된 새벽 시간'을 지속하려면 루틴은 전날 저녁부터 시작되어야 한다.

이브닝 루틴은 퇴근 뒤 현관문을 들어서는 순간부터 시작한다. 번호키를 누르는 순간, 아이가 "엄마!" 하며 우다다다 달려오는 발소리가 들린다. 현관문 손잡이를 돌리기 직전까지 설렘이 한껏 장착된다. 문 바로 앞까지 맨발로 마중 나온 아이를 있는 힘껏 안아 준다. 이제부터 시작되는 이브닝 루틴을 끝까지 잘 마칠 수 있게, 종일 방전된 에너지를 충전하는 시간이다. 그리고 옷방으로 향한다.

외투를 걸고 편한 홈웨어로 갈아입는다. 세탁할 옷을 구분하면

🕐 꿈꾸는 엄마의 미라클 모닝

서, 내일 입을 옷도 함께 준비한다. 티셔츠나 원피스 같은 외출복부터 속옷, 양말, 스타킹 등까지 머리부터 발끝까지 걸칠 것들은 모두 다 준비한다.

옷방에서 나올 때는 한 손에는 빨래를, 다른 한 손에는 내일 입을 옷을 들고 나온다. 그러고 보니, 퇴근길부터가 이브닝 루틴의 시작이다. 퇴근하면서 내일 날씨를 체크하고 어떤 옷을 입을지 대략 머릿속으로 그리기 때문이다.

빨래통에 세탁할 옷을 넣은 뒤에는 작업실로 향한다. 책상 의자에 내일 입을 옷을 입을 때의 역순으로 둔다. 마지막에 입을 티셔츠나 원피스가 가장 아래에, 제일 처음 입을 속옷이 위에 올라오는 식이다. 속바지나 스타킹, 혹은 양말부터 외출할 때 입을 외투까지 모두 작업실에 걸어 둔다. 눈 뜨자마자 가장 먼저 향하는 곳이 바로 이곳이기 때문이다.

안방을 작업실로 쓰는 터라 화장실도 딸려 있다. 그래서 작업실로 곧장 간 다음, 세수하고 출근할 때 입을 옷을 곧바로 입는다. 출근 전에 괜히 옷방에 들어갔다가 '아, 이것으로 갈아입고 갈까?'와 같은 고민에 빠지기 싫어서이다. 몇 벌 있지도 않는 옷방에서 이거 입었다 저거 입었다 하는 시간만 아껴도 훨씬 여유롭게 출근할 수 있다.

## 보너스처럼 주어지는 이브닝 루틴

퇴근해서 저녁밥을 차리고 아이 밥 먹이고 정리가 끝나면 보통 저녁 7시 반에서 8시쯤이 된다. 이때부터 9시까지는 세상일은 모두 잊고 아이와 신나게 놀아 준다. 핸드폰도 서랍에 넣어 둔다. 한 시간 정도 메시지 알림을 꺼 둬도 아무 일도 생기지 않는다.

이 시간만큼은 오로지 아이에게만 집중한다. 주로 공놀이나 퍼즐을 하거나 그림 그리기, 책 읽기 등을 한다. 깔깔대는 아이의 웃음소리를 들어야만 길었던 하루의 보상을 받는 것 같아, 최선을 다해 아이와 시간을 보낸다. 아이가 자기 의지로 혼자 노는 것을 선택(?)할 때도 가끔 있다. 계 탔다! 엄마는 홈트(홈 트레이닝)를 하거나 거실에서 책을 읽으며 보너스 시간을 보낸다.

오후 9시쯤부터는 아이의 잠자리 루틴이 시작된다. 이때는 '아빠 턴(Turn)'이다. 거실, 부엌 등 실내 전등을 최소한으로 켜 두고 아이를 씻긴 뒤 동화책을 들고 침대로 간다.

아빠의 책 읽는 소리를 들으며 엄마는 플래너를 체크한다. 오늘 계획한 것들을 되돌아보며 달성한 것과 달성하지 못한 것을 점검한다. 다 못 했으면 왜 못했는지, 이 시간에는 무엇을 했는지 복기한다. 그리고 다음날 계획을 한 시간 단위로 세운다. 내일 주요 일정 체크부터 약속 장소, 반드시 해야 할 일, 중요한 일, 급한 일 등을 구분해 적어 나간다.

　매일 새벽에 진행하는 5시 유튜브 라이브 방송 셋팅도 미리 끝내
둔다. 새벽에 필사할 명언과 SNS에 새벽 기상 인증으로 올릴 사진,
스트리밍에 걸 썸네일도 제작한다. 가짓수가 많지만 30~40분이면
충분히 할 수 있는 일들이다.

# 자투리 시간을 활용하라

이동 시간만 잘 활용해도 많은 일을 할 수 있다. 이동해야 할 일이 생기면, 오가는 시간 동안 '틈'이 생긴다. 나는 주로 대중교통을 이용하기에, 이 시간에 앱으로 영어 공부를 한다. 매일 새벽 시간에 조금씩 하던 영어는 일과 시간 중 이동 시간으로 넘겨서 할 수 있다. 대신 새벽에는 글을 쓰거나 미뤄 뒀던 영상 편집을 한다. 기자 간담회가 끝난 뒤에는 이동하면서 기사를 마감한다. 자리가 없으면 핸드폰으로 기사를 쓰고, 자리가 나면 앉아서 노트북으로 기사를 쓴다. 간담회 같은 경우, 끝난 직후가 아무래도 머릿속에 내용이 남아있어 기사도 더 잘 써진다.

출근길에는 주식 경제 이슈, 트렌드 등을 다루는 유튜브, 독서 시간을 아껴 주는 오디오북을 귀에 꽂는다. 그래서 '내일 출근길에는 무엇을 들을까'도 플래너 작성에 포함된다. 공부, 독서 시간을 테트리스 게임을 하듯이 잘 짜맞추는 방법이다.

## 빈틈없는 시간 관리

점심 약속이 없는 날에는 운동을 점심 시간에 집어 넣는다. 새벽이나 저녁에 하려던 운동을 낮에 끼워 넣는 것이다. 마찬가지로 운동 시간을 덜게 된 만큼 출근 전이나 출근 뒤에는 미뤄뒀던 영상 편집을 할 수도 있다. 읽고 싶었던 책을 보기도 한다. 아이와 더 놀아 줄 수도 있다.

퇴근길은 대부분 예능이나 드라마를 택한다. 허기진 배를 잊게 만들어 주전부리하고픈 욕구를 잠재우고, 지친 발걸음의 무게도 덜어 준다. 무의식적으로 집까지 짊어지고 가는 '회사일'도 떨쳐 준다. 보고 싶던 영상을 쌓아 뒀다 이때 보기도 하고, 핸드폰도 마음껏 만진다. 이렇게 했더니, 잠들기 전 시간 가는 줄 모르고 핸드폰만 쳐다보며 버리는 시간을 아낄 수 있게 됐다.

이메일 정리나 SNS 답글도 주로 이동 시간을 이용한다. 규칙을 정하고 신중하게 앱을 켠다. SNS나 인터넷은 잘못 들어갔다가는 삼천포로 빠지기 일쑤다. 시간 귀한 줄 모르고 하염없이 머물게 된다. 이메일은 하루 2번, 메신저는 하루 3번, 인스타그램은 오전 1번으로 룰을 정했다. 물론 인스타그램은 커뮤니티적 성격이 있어서 공지사항 등을 남길 때는 예외이다. 그래도 타이머를 정해 둔 10분을 넘기지 않으려 한다.


## 멀티플레이어가 되라

육아를 하면서도 자투리 시간을 발견할 수 있었다. 산후조리원에서도 영상을 찍고 편집했다. 산후조리원에 들어온 지 일주일쯤 되었을까? 계획 세우기를 좋아하는 '프로 계획러'는 '퇴소 뒤 육아 플래너'(모유 및 유축, 집안일, 목욕 등)를 짜서 조리원 실장님께 당당하게 내밀었다. 두 딸을 둔 실장님은 웃으며 말없이 등을 두드려 주셨다. 그러나 이런 보물 같은 시간을 발견한 엄마는 산후조리원에서부터 〈조리원 브이로그〉와 〈출생신고 하는 법〉 등의 영상을 제작했다.

젖을 물릴 때는 힘들지만, 유축하는 동안에는 엄마의 다른 한 손이 자유롭다는 사실을 알게 됐다. 그래서 유축 타임에는 무조건 영상 편집을 했다. 수유할 때는 젖을 문 아이를 보며 "사랑해 딸~" 이라고 말하면서 머릿속에선 '영상 도입은 어떻게 하지? 자료 사진은 무엇을 넣지?' 기승전결을 기획하고 대본을 생각했다. 문장이 떠오르는 대로 핸드폰에 녹음했다. 까먹지 않기 위해서다.

## 시간을 아껴라. 그리고 실행하라

시간은 똑같이 한정됐고 언제나 부족하다. 그러나 시간에 끌려다닐지, 시간을 끌어당길지는 내 결정에 달렸다. 똑같은 시간도 어떻게 쓰느냐에 따라 가치와 효율이 달라진다. 보석 같은 시간은 비로소 손으로 써봐야 눈에 보인다.

하고 싶은 것이 생기면 곧바로 실행하라. 시간은 기다려 주지 않는다. 자투리 시간을 활용해 이렇게라도 일단 해 본다. 일단 해 봐야 적성에 맞는지 안 맞는지도 알 수 있다. 최선을 다해 도전해 보고 '아니다' 싶으면, 그만두면 된다. 포기가 아니라 선택이다. 성과나 즐거움이 없는데도 시작한 게 아까워서 질질 끌어서도 안 된다. 할까말까 고민하는 순간에도 시간은 흘러가고, 그만둘까말까 할 때에도 시간은 기다려주지 않는다. 분명한 것은 작은 도전을 반복하고 거듭할수록 내가 원하는 모습에 빨리 다가갈 수 있다는 것이다.

마음의 소리에 귀를 기울이고, 상상만으로도 심장 뛰게 하는 일을 찾아라. 그리고 바로 시작해라. 지난 것은 다 잘한 거다. 이 세상에 의미없는 경험은 없다. 어떤 식으로든 교훈같은 경험과 알라딘 램프의 지니 같은 조력자로 다시 돌아오게 되어 있다.

# 운동의 효과를 경험하라

　내 인생의 터닝 포인트 중에 하나는 운동이다. 운동은 근육뿐만 아니라 정신과 마음까지 단단하게 만든다. 나는 지난 2014년 3월과 5월에 각각 목과 허리의 디스크 판정을 받으면서 운동을 시작했다. 허리 디스크가 터져서 흘러내렸고, 신경을 계속 눌렀다. 허리를 곧게 펼 수 없었고, 허벅지와 종아리를 타고 발가락 끝까지 저려왔다. 걷기도, 앉아 있기도 힘들었다. 가장 괴로웠던 것은 통증으로 인해 삶의 질이 떨어지고, 우울감과 무력감까지 생겼다. 침대에서 돌아누울 때조차 통증이 느껴져, 아침에 눈 뜨는 것부터 두려웠다. 그렇다고 종일 잠만 잘 수도 없는 노릇이었다. 꿈도 많고 하고픈 것도 많은데, 누워만 있어야 하다니. 숨만 쉬어도 신경이 곤두섰다.

의사는 너무 통증이 심하다면 수술을 하자고 권했다. 나는 수술이 아닌 다른 방법을 택했다. 더디겠지만 회복을 위해 휴직하고, 재활 치료와 운동을 하기로 했다. 그래도 젊었으니까. 지금껏 운동이라고는 숨쉬기와 위 운동뿐이었지만, 운동으로 단련해서 약해진 허리를 근육으로 받쳐 보리라 마음먹었다.

처음 헬스장을 등록할 때 목표는 '회복 뒤 복직'이었다. 6개월간 재활 치료 및 운동에 집중한 끝에 일터로 돌아갈 수 있었다. 그러나 기쁨은 오래가지 않았다. 복직 3개월 만에 다시 무너졌다. 또 디스크가 터져 버린 것이다.


## 구체적인 목표가 주는 원동력

운동이 중요하다는 것은 누구나 다 안다. 그러나 운동을 꾸준히 하기는 쉽지 않다. 운동이 습관이 되려면, 지속가능한 동기가 중요하다. 아팠던 사람도 일단 견딜 만해지면 우선 순위였던 운동이 다른 것들에 밀린다. 나는 이제 디스크로 평생 꾸준히 운동하고 관리해야만 하는 운명이 되었다. 살 만해졌다고 운동을 안 할 수 없었다. 운동을 안 하면 재발은 시간 문제이기 때문이다.

복직하고서도 꾸준히 운동하리라 마음먹었지만 역시나 바쁘다는 핑계가 우선이었다. 일을 다시 하는데도, 예전만큼 아프지도 않고 일상에 큰 지장이 없어서 병원 가는 마음으로 하루도 빠지지 않고 매일 들렀던 헬스클럽도 점점 멀어졌다. 이틀에 한 번, 사흘에 한 번, 일주일에 한 번 가다가, 복직 한 달 만에 발길을 뚝 끊었다. 그러자 허리는 다시 툭, 터져 버렸다. 터진 디스크로 두 번 다시는 겪고 싶지 않던 통증이 찾아 왔고, 수술을 진지하게 고민했다. 그러나 여전히 수술은 무서웠다. 소심한 디스크 환자는 헬스장으로 향했다. 당시 은인이나 다름없던 트레이너가 한 가지 거부할 수 없는 제안을 했다.

"피트니스 대회에 나가거나, 바디프로필 사진을 찍어 보는 것은 어때요? 목표를 갖고 꾸준히 운동해 보자고요."

살을 뺀다거나 멋진 몸을 만들고 싶다면, 몇 개월 안에 몇 킬로그램을 빼겠다는 목표 설정과 인바디를 통한 체지방률 퍼센트 감량을 구체적으로 수치화하는 것이 좋다. 그것이 어렵다면 바디프로필을 찍겠다는 목표도 좋다. 내게는 바디프로필 촬영보다 피트니스 대회 출전이 더 강력한 동기부여가 되었다. 바디프로필은 예약하더라도 계약금만 물고 혼자 취소하면 그만이지만 대회는 다르다. 대회 출전 등록을 하더라도 안 나가는 것은 내 자유이지만, 대회 당일 무대에 오르지 않더라도 참가 번호는 분명 남아 있을 텐데,

그 번호가 불렀을 때 아무도 등장하지 않으면 마치 두려워서 도망친 것 같지 않겠는가. 목표를 설정하고 그것을 이루기 위해서는 구체적인 동기부여가 필요했다.

그렇게 피트니스 대회에 출전하기로 결심했다. 약 6개월 동안 재활 치료와 운동을 병행했고, 이후 다시 6개월가량 근력 운동에 돌입했다. 포징 연습도 하고 식단도 신경 썼다. 요즘에는 모두 다 영상으로 남는 시대라 '무대에서 창피할 정도만 되지 말자'며 조용히 무대에 올랐다. 남편 말고는 아무에게도 알리지 않았다.

결과는 놀라웠다. 비키니 모델 2위, 스포츠 모델 6위를 거머쥐었다. 이날 경험은 건강뿐만 아니라 바닥으로 떨어졌던 자신감을 끌어올려 줬다. 운동보다 더 힘들다는 식단도 견디고 수분 조절까지 한 나를 인정받는 순간이었다. '내가 할 수 있을까'가 아닌 '이것도 해냈는데 앞으로는 뭐든 할 수 있을 것 같다'라는 확신이 생겼다.

피트니스 대회는 자신감도 줬지만 무엇보다 끈기와 인내가 무엇인지 가르쳐 줬다. 체지방 1킬로그램을 줄이고 근육 1킬로그램을 늘리는 일은 보통 일이 아니다. 맛있는 냄새가 코를 찌르고 좋아하는 음식이 눈앞에 있는데 침만 삼켜야 한다. 대신 술을 마시거나 밤새 놀지도 않아도 스트레스를 푸는 방법을 찾았다. 운동은 긍정 에너지를 가져다 주고, 감정을 컨트롤하는 데도 큰 도움이 된다.

## 운동과 삶의 질적 향상의 상관관계

운동의 효능은 단순히 살을 빼는 데서 오는 외적인 만족감에 그치지 않는다. 운동을 꾸준히 하면 체력이 좋아지면서 집중력과 업무 효율도 높아진다. 늘 피곤하고 무겁기만 한 머리로 일하던 것보다 업무 성과가 좋아질 수밖에 없다. 성과를 내면 회사 안팎으로 인정받고, 이는 또다시 자신감으로 이어진다. 새로운 일에 도전하고, 같은 시간에도 더 많은 일을 해낸다. 언제나 '할 수 있다'는 긍정적인 사고와 밝은 표정으로 업무에 임하면서 주변 동료들과의 관계도 좋아진다.

멋진 몸을 만들려면, 잘 챙겨 먹는 일도 중요하다. 제 시간에 규칙적으로, 깨끗하고 영양가 있는 음식을 섭취해야 한다. 입에는 쓸지라도 몸에는 달다. 건강한 음식은 피부도 좋게 만들고, 소화도 도와 몸을 가볍게 한다. 머리도 맑게 한다. 직장인이라면 도시락을 싸서 다니는 것도 식단 관리에 좋은 방법이다. 도시락을 먹으면 간혹 원치 않는 식사 자리에 끌려가 커피까지 우르르 마시면서 돈 쓰고 시간 쓰는 일도 없앨 수 있다. 이렇게 시간을 아끼면 단 30분이라도 걸으면서 소화시킬 수 있고, 잠깐 눈 붙이는 휴식을 통해 남은 오후를 더 활기차게 보낼 수 있다.

무엇보다 운동이라는 취미가 생기면서 인생이 즐거워졌다. 일해서 번 돈으로 건강한 취미 생활을 할 수 있다는 사실이 하루하루를 행복하게 만든다. 특별히 노력하지 않아도, 하고 싶은 것을 할 수 있는 시간이 선물처럼 온다는 것은 언제나 내일을 기대하게 한다.

운동을 하기 전에는 항상 부족하기만 한 내가 보였다. 운동을 꾸준히 하자 내 자신에게 '믿음'이 생겼다. 보이지 않는 미래를 위해 빛나는 현재를 갉아먹는 일도 하지 않는다. 지금 하고 싶은 일이 있다면, 불확실한 미래를 위해 지금 하고픈 일을 참고만 살지는 않는다. 운동은 나에게, 기자 아무개가 아닌, 진짜 나 자신으로 살게 된 터닝 포인트가 됐다. 운동을 하지 않았다면 절대 얻을 수 없었을, 어떤 것과도 바꿀 수 없는 값진 경험이었다.

# 고밀도, 고농축으로 일하라

회사와 개인 모두 적당히 해서는 살아남을 수 없는 시대이다. 하루가 다르게 급변하고, 변하는 속도마저 점점 빨라지고 있다. 커리어, 그리고 미래에 대한 치열한 고민이 절실하다. 모두들 전문성을 쌓고 싶지만 그럴 시간이 없다고 하소연한다. 나도 마찬가지였다. 연봉이 인상되길 바라는 평범한 직장인이자 기자로서의 영광만 생각했다. 그저 열심히 하면 전문성이란 것이 쌓이는 줄 알았다. 착각이었다.

그러던 중 아이를 낳았고, 엄마 말고 '나'로도 살아 보겠다고 마련한 새벽 시간은 내게 질문을 던졌다.

'무엇을 할 때 즐겁고 행복한가, 주어진 시간을 얼마나 의미 있게 보내고 있는가.'

모든 선택에는 포기한 것에 대한 대가가 따른다. 워킹맘으로서 기회비용 즉, 그로 인해 포기한 것들 중 가장 큰 가치는 '아이와의 시간'이었다. 오전 9시부터 오후 6시는 하루의 3분의 1이자, 세상이 가장 활발하게 돌아가고, 성과를 내야 하는 시간이다. 내게 이 시간은 아이와 마주하기를 포기한 시간이었다. 이렇게 아이와의 추억을 대신한 소중한 시간이 단순히 월급이나 회사 '일'로만 그쳐서는 안 되었다. 회사의 성장과 나의 성장 모두를 이끌어 낼 수 있는 접점을 찾아야 했다.

## 고도의 전문성을 키워라

기자는 기사를 잘 쓰는 게 본업이다. 독자의 '터치'를 받기 위해 사람들에게 필요한 아이템을 찾고, 취재도 꼼꼼히 해야 한다. 짜임새 있는 기사가 되도록 기획하고 구상한다. 사람이 있는 곳에 이야기가 있으니 다양한 사람도 많이 만난다. 나는 이렇게 매일 반복하는 직업으로서의 일을, '전문성'으로, '커리어'로 만들기 시작했다. 회사와 나 사이에 호스를 하나 연결해서 회사 탱크에 물이 차오를

수록 나의 탱크에도 차오르도록 한 것이다.

전문성을 커리어로 변환할 수 있는 가장 손쉬운 방법은 쓴 기사를 재가공해 개인 온라인 플랫폼에 올리는 것이었다. 나의 경우 다음카카오의 블로그 서비스 브런치에 올렸다. 제목과 본문은 브런치 형식에 맞게 구성을 바꾸고, 사진도 보도 사진과는 다른 감성적인 사진을 찾아 붙였다. 유튜브 콘텐츠로도 활용했다. 취재 내용을 바탕으로 관련 사진이나 자료를 붙여 영상을 만들거나, 모닝레시피 라이브에서 전하기도 했다.

콘텐츠로 제작할 만한 아이템을 늘 찾다 보면 새벽은 물론, 이동 시간, 여가 시간에도 외신이나 전문지, 해외 유튜브를 많이 찾아 보게 된다. 이는 국내 이슈 챙기는 것만도 급급했던 데서 벗어나 시각을 넓히는 데 많은 도움을 준다. 업무 외의 나의 일을 하면서도 결국 본업인 기자로서 아이템 발제를 동시에 하는 셈이다. 틈틈이 이슈거리를 찾고 또 기획하면서, 곳간을 채우듯 기사 아이템을 차곡차곡 쌓아 둔다.

기자들은 매일 아침마다 뉴스 모니터를 하는데, 새벽에 외신을 보고 나니 국내 뉴스가 더 한눈에 들어오고 세계적인 흐름도 파악하기 쉬웠다. 이슈나 트렌드에 대한 이해 속도가 빨라지면서 취재나 기사 작성에도 속도가 붙었다. 빨리 끝낸 만큼 또 다른 취재거리를 찾거나 이야기가 있는 곳으로 갔다. 아이템을 늘 확보해 두다보니, 부서에서 기사거리가 부족할 때 늘 '준비된 기자'라는 인상을 줄 수 있었다.

"회사 일을 소홀히 하는 거 아니야?"라는 오해 섞인 질문을 받을 때도 있다. 그럴 때마다 "기사가 제 이름으로 나가는데 어떻게 소홀히 할 수 있겠어요. 회사 일이 곧 제 커리어인데, 절대 대강할 수 없죠"라고 웃으며 대답한다. 복직 6개월 만에 회사에서 우수보도상을 받은 것이 객관적으로 나의 노력을 증명한다.

## 고밀도, 고농축로 일하고 퇴근

주어진 업무 시간 안에 맡은 일을 끝내기 위해서는 기대하지 않던 여유 시간이 생겨도 결코 느긋해질 수가 없다. 정시 퇴근은 당연한 권리라지만, 워킹맘에게는 더욱 중요하다. 5분 간격으로 교통 상황이 급격히 바뀌는 서울 시내에서 도로에 갇히지 않으려면 제때 퇴근해야만 한다.

하루 종일 엄마를 기다렸을 아이를 안아 주고 싶은 마음도 크지만, 현실적인 문제도 있다. 내가 퇴근이 늦어지면 베이비시터 이모님의 퇴근 시간도 늦어진다. 약속 시간에 늦었다는 죄송한 마음은 물론이고, 추가 비용도 따라온다. 엄마의 정시 퇴근 여부는 생활비와도 직결된다. 주어진 업무 시간 동안 최대한 집중력을 발휘해 일

한다. 워킹맘의 성과는 여성 후배들과 딸의 미래가 달린 일이기도 하다. 여자가 아이를 낳으면 '전투력'이 떨어진다고 그 누가 말씀하셨는가. 엄마의 역량은 이렇게 높아진다.

## 해방감을 느끼는 시간, 새벽

해야 할 일에 대한 '이유'를 묻고 그것에 의미 부여를 하는 작업은 사실 단순히 새벽을 잘 보내는 것에만 국한되지 않는다. 새벽뿐만 아니라 주어진 하루를 어떻게 하면 더 잘 보낼 수 있을지, 의미 있게 보낼 수 있을지와 연결된다. 엄마가 함께 있어 주지 못하는 그 시간을 아이에게 부끄럽지 않게, 미안하지 않게 최선을 다하려 한다. 새벽 시간에 그런 각오를 늘 되새기고, 구체적으로 실행하도록 계획을 짠다.

새벽은 분주히 사는데 해 둔 것은 없는 것 같고, 어떻게 살아야 할지 깜깜하기만 하던 불안에서 해방시켜 줬다. 내 자신은 물론, 하고 있는 것에 대해 모두 다 잘될 것이라는 확신과 자신감을 가득 채워 줬다. 일련의 행위들이 당장 성과가 나지 않더라도, 그저 내가 만족하고, 재미와 보람을 느끼면 되는 것이 아닐까. 어제에서 배우고, 오늘 최선을 다하고, 한 뼘 더 자랐을 내일을 기대하면서.

# SNS를 똑똑하게 써라

SNS를 우리말로 풀면 '사회 관계망 서비스'이다. 페이스북이 처음 등장했을 때만해도 SNS는 연결, 교류, 공유 등이 주요 목적이었지만, 급변하는 시대와 함께 SNS도 진화했다. 가장 대표적인 SNS는 인스타그램인데, 인스타그램은 원래 목적인 일상 기록이 아닌, '홍보 플랫폼'으로 거듭났다.

시장조사업체 오픈서베이의 〈소셜미디어 및 검색 포털 트렌드 리포트 2021〉에 따르면, 친구나 지인과의 교류를 위해 소셜미디어를 이용한다는 사람은 전체 응답자의 22.6퍼센트로 전년도보다 약 3.0퍼센트포인트 줄었다. 사진과 동영상을 공유하기 위해 SNS를 한다는 사람도 전년 대비 4.8퍼센트포인트나 감소했다.

반면, 흥미 있고 재밌는 콘텐츠를 보기 위해 SNS를 한다는 이용자는 53.6퍼센트로 나타났다. 이는 지난해보다 약 4.3퍼센트포인트 늘어난 수치이다. 재미와 흥미적인 요소가 아니더라도 SNS에서 정보성이나 일상에 유용한 콘텐츠를 소비한다는 이용자도 전년보다 4.4퍼센트포인트 증가했다.

## 브랜딩하기 좋은 홍보 플랫폼

자신을 브랜딩하는 사람들이 보통 가장 먼저 인스타그램을 개설하는 이유도 같은 맥락이다. 정보와 일상에 유용한 콘텐츠를 보여주면서 브랜딩하기 좋은 매체이기 때문이다. 무엇보다 인스타그램이 인기가 높은 데는 여러 이유가 있다. 우선, 핵심 기능이 단순하다. 지금의 나, 내 기분을 표현하는 사진 한 장(혹은 영상)과 해시태그가 전부다. 그리고 사진이든 영상이든 누가 올렸는지는 크게 중요하지 않다. '인스타 감성'의 사진 한 장이면 사람들의 눈을 사로잡기에 충분하다.

쉬운 진입 장벽은 글로벌 이용자의 관심을 단숨에 사로잡았고, 콘텐츠 플랫폼으로 가장 빨리 도약했다. 광고주나 사업가들은 눈치가 빨랐다. 소비 의사가 있는 고객이 모여 있고, 사업하기에 좋은 곳이라고 직감한 것이다. 인스타그램은 지난해부터 '대놓고 광고'

기능을 넣었다. 쇼핑탭까지 추가해 곧바로 구매까지 연결시켰다. 상당수 이용자들이 마음에 드는 브랜드 계정을 팔로우하고 결제까지 하는 등 광고도 활발하게 소비하는 모양새이다. 오히려 내게 맞는 것들을 추천해 줘서 좋다는 의견도 나온다.

물론 인스타그램의 '대놓고 광고 기능'에는 호불호가 갈린다. 분명한 것은 인스타그램이 유튜브와는 또 다른 브랜딩·홍보 수단임이 틀림없다는 것이다.

## 사람을 연결하는 좋은 수단

팀 페리스(Tim Ferriss)의 《타이탄의 도구들》에 이런 문장이 나온다.

"성공은 복잡할 필요가 없다. 그냥 1천 명의 사람을 지극히 행복하게 만들어 주는 것에서 시작하면 된다."

저자는 당신으로 인해 즐거움을 얻을 수 있는 사람이 1천 명이 있고 그들의 지지를 얻는다면, 진정성 있는 모습을 유지하면서 자기 작품의 독특한 측면에 집중하는 보상을 얻을 수 있다고 강조한다. 또 이들 골수팬이 다른 2, 3명만 더 모아도, 더 많은 사람들이 당신을 발견할 수 있고, 이를 통해 '쉽고 빠르게 성공할 것'이라고 조언한다.

나 역시 유튜브 콘텐츠와 모닝레시피 홍보를 위해 인스타그램을 적극적으로 활용하고 있다. 모닝레시피 챌린지 및 방송 주제가 담긴 라이브 공지 등을 인스타그램에서 한다. '명언 필사'와 '자기계발', '새벽 기상' 등의 해시태그는 같은 관심사를 가진 사람들을 모아 준다.

브런치, 인스타그램은 단순히 일상을 기록하고 공지를 남기는 것에 그치지 않는다. 커뮤니티 성격도 짙다. 운영하는 데 노력과 시간 품은 들지만, 그만큼 관심사가 같은 사람들이 연결돼 정보와 의견을 나누면서 서로를 응원하고 격려하는 강력한 플랫폼이다.

# 꿈을 이루는 MAKE IT 법칙

새벽 기상을 위한 모닝레시피를 진행하면서 세운 습관은 'MAKE IT' 6가지로 정리할 수 있다. 새벽에 일어나기는 했는데 무엇을 해야 할지 모르겠다면, 다음의 6가지를 참고해 보길 권한다.

### M(Meditation): 명상하기

명상은 어렵다. 초보자들에게는 더 어렵다. 생각을 비우기란 보통 고수가 아니고서야 힘든 일이다. 명상 초보자들에게는 '캄(Calm)' 같은 명상 앱이나 명상을 다룬 유튜브 영상을 추천한다. 캄은 앱스토어에서 다운로드 1위를 기록할 정도로 인기 있는 명상 앱이다.

나도 잠들기 전에는 유튜브에서 명상 영상을 켜고 마음을 비우는 훈련을 한다. 다만, 핸드폰과 유튜브가 복병이다. 명상을 위해 핸드폰을 켰다가 다른 데로 샌 경우가 많기 때문이다.

오랫동안 명상을 해 온 선생님이 이런 말씀을 했다.

"명상은 어렵고 거창한 게 아니다. 명상이라 해서 반드시 가부좌를 틀고 앉아, 무릎에 양손을 올려야만 되는 것도 아니다. 명상에는 여러 가지 방법이 있고, 그것이 꼭 정답도 아니다. 그냥 자기에게 온전히 집중하는 것, 그것이 명상이다."

그래서 새벽 명상의 방법으로 요가를 택했다. 일어나 세수를 하고 약 20분 동안 요가를 한다. 나는 요가 지도자 자격증을 보유하고 있다. 디스크 환자라 고난도 자세는 못하지만, 디스크 환자이기 때문에 스트레칭, 이완이 중요하다는 것을 누구보다 잘 안다. 잠든 동안 굳어진 몸을 깨우는 데는 요가 만한 것이 또 없다.

차분한 음악을 틀어 놓고, 요가 동작 중 빈야사를 하면서 내 호흡에 집중한다. 그러면서 내 숨이 제대로 들어오는지, 숨이 어떻게 나가는지, 통증이 느껴지는 곳은 없는지 등에만 집중한다. 그러다 보면 머릿속에 떠다니는 잡다한 생각들이 하나둘씩 자취를 감춘다.

🕐 꿈꾸는 엄마의 미라클 모닝

## A(Affirmation): 미래를 앞당기는 주문, 확언 노트

확언 노트를 쓰면서 내 미래의 시간을 앞당기는 주문을 건다. 확언 노트는 이루고픈 내 목표를 과거형으로 쓰는 것이다. 스노우 폭스 CEO이자 《돈의 속성》 등을 쓴 베스트셀러 작가인 김승호 대표의 강연을 듣고 시작했다. 김승호 대표는 하루 100번씩 확언을 썼다고 한다. 예를 들어, 올해 승진이 목표라면, "나는 올해 승진했다"로, 종잣돈 1억 원 마련이 목표라면, "나는 00년도까지 1억 원을 모았다"라고 못 박아 쓰는 것이다.

이렇게 확언 노트를 쓰다보면, '왜 이런 삶을 원하는지'에 대한 질문이나 '존재의 정의', '계획'에 대한 밑그림이 저절로 따라온다. "12월 31일까지 1억 원을 모았다"라는 문장을 매일 쓰다 보면, '내게 이 돈이 왜 필요한지' 스스로에게 질문을 던지고, 이를 모으기 위한 방법을 열심히 찾고 방법을 무조건 실천한다는 설명이다.

요즘 유행하는 옷이나 구두를 사고 싶다가도, 아무리 얼마 안 하는 돈이라도 불현듯 이것이 정말 지금 당장 내게 필요한 것인지 스스로 묻는다. 그리고 돈을 언제까지, 왜 모아야 하는지 등의 이유와 목표를 환기시킨다. 그럼으로써 '돈을 반드시 필요한 데만 꼭 써서 종잣돈을 빨리 모으겠다'는 결심을 붙들어 준다. 이 돈을 어떻게 써서 어떤 존재가 될 것인지 내 삶의 가치까지도 되돌아보게 만든다.

별것 아닌 것처럼 보이더라도, 확언 노트를 매일 쓰다 보니, 조금씩 그 확언이 그리는 그림대로 나아가고 있었다.


## K(Kind to myself): 나 자신에게 친절하기

"부디 나 자신에게 친절해질 것(Kind to myself)"은 6가지 습관 중 내가 가장 중요하게 여기고 사랑하는 일이다.

침대에 더 머무르고 싶은 욕구를 떨치고, 친구들과 밤새 놀고 싶은 마음을 자제하고 지금 당신은 새벽에 깨어 있다. 어쩌면 굳이 하지 않아도 될 노력을, 단지 자신의 성장을 위해 애쓰고 있다.

새벽 알람을 맞췄지만 못 듣고 계속 잤다든지, 새벽에 계획한 것을 모두 끝내지 못했다고 해서, 스스로를 자책하거나 옥죄어서는 안 된다. 이 모든 것이 성장을 위한 과정이다. 사람마다 습관이 몸에 붙는 시간이나 자라는 속도는 모두 다르다. 나를 위해서 하는 행위가 나를 괴롭혀서는 안 된다.

세상이 잠든 새벽에 일어나, 목표를 달성해 보기로 마음먹고, 하루하루를 값지게 쓰려고 애쓰는 나 자신을 칭찬할 수 있는 사람이 되어 주길, 이런 과정을 통해 나를 더 아끼고 사랑할 수 있는 사람이 되길 바란다. 당신 자신을 위해 살겠다고 첫발을 내디딘 것만으로도 대단한 일이라는 것을 꼭 기억하길 바란다.

## E(Exercise): 체력을 기르는 운동

원래 운동보다는 영어였다. 영어는 지금도 내게 평생의 숙원 사업 같다. 새벽 기상의 가장 큰 목표는 영어 회화 실력을 키우는 일이었다. 그러나 새벽 시간은 한정됐고, 막상 해 보니, 영어보다 중요한 것, 하고 싶은 것이 많았다.

하고 싶은 일을 이루기 위해서는 체력이 필요하다. 요가를 하는 것과는 별개이다. 운동은 확실히 삶에 에너지를 준다. 또 고질적인 목·허리 디스크로 장시간 앉아 있는 것을 피하기 위해서라도 운동은 빠뜨리지 않아야 한다. 그럼에도 영어를 완전히 손 놓을 수는 없어 영어 회화 영상을 보면서 실내 자전거를 타거나 스테퍼를 밟기도 한다.


## I(Interest): 내가 좋아하는 것을 하기

새벽에 가장 많이 하는 일은 영상 제작이다. 영상 제작은 내게 또다른 창작 세계를 열어 준다. 실력이 뛰어나지는 않지만, 세상에 하나뿐인 창작물이자 나의 기록이라 생각하면 가슴이 뛴다. 비슷한 관심사를 가진 사람들을 만나고, 내 편으로 끌어들일 수 있는 수단이기도 하다.

다만, 복직하면서 영상 편집이 상당히 밀렸다. 영상 편집은 한번 시작했을 때 죽 해서 끝내야 하는데, 매일 조금씩 하니 작업이 뚝 뚝 끊기고, 효율이 떨어졌다. 영상 편집이 힘들어 시작한 게 새벽 5시 모닝레시피 라이브 방송이다. 매일 새벽 5시부터 30분 동안 인사이트를 주는 기사나 책, 힘이 되는 글귀를 공유한다. 짧게 명상도 하고 긍정 확언을 내뱉는다. 라이브 방송은 끝나고 난 뒤에도 볼 수 있는데, '출근길 듣는 유튜브'로 활용되길 바라며 1일 1영상을 업로드하고 있다.

라이브 방송이 끝나면 글을 쓴다. 스스로에 대한 일기가 됐든, 육아 일기가 됐든, 남편에 대한 감사 노트가 됐든 단 한 문장이라도 그날을 기록한다. 글을 쓰는 것은 나를 되짚어 보는 일이자 소중한 기억을 '실체'로 새기는 작업이다. 어제의 나를 반성하고 오늘 더 나아질 수 있는 나를 계획하는 일이다. 노트에 쓰기도 하고 브런치를 활용하기도 한다. 하얀 바탕에 글을 써 내려가다 보면 생각도 정리되고 위로받고 싶었던 마음도 어루만져지는 듯하다.

사람들은 생김새만큼이나 각자 좋아하는 것이 모두 다르다. 독서든, 뜨개질이든, 그림 그리기든, 영상 편집이든 자신이 좋아하는 것을 하자. 5년 뒤, 10년 뒤에도 가슴 뛰며 하고 있을 것으로 새벽을 채우기를 바란다.

## T(Training): 반복의 힘, 훈련

마지막으로 이것을 매일 반복 훈련한다. 이 일들은 매일 빠뜨리지 않고 한다. 주말도 빠지지 않는다. 업무로 혹은 다른 이유로 새벽에 잠들더라도, 매일 같은 시간에 무조건 일어나도록 한다. 다시 잠드는 한이 있더라도 일단 일어나 세수를 하고 단 30분이라도 몸을 움직인다. 새벽 루틴을 만들기는 가혹하리만큼 어렵지만, 깨지기는 너무나도 쉽기 때문이다.

무엇이든 한 번이 어렵지 두 번은 쉽다. 패턴이 한 번 깨지면 두 번 깨지기는 쉽고 세 번 네 번은 일도 아니다. 그리고 새벽 루틴을 이어가지 못한 데 대한 자기 합리화가 시작된다. 어렵게 얻은 새벽 기상 패턴을 뇌와 몸에 더 각인시키려면 훈련을 반복해야 한다.

6가지 새벽 루틴으로 자신이 좋아하는 일을 하며 근사한 기분을 누리고, 건강한 에너지로 하루를 가득 채우길 바란다. 확언을 통해 나의 성장과 멋진 미래를 확신하고 오늘도 감사하는 하루를 시작하라. 이렇게 매일 승리하는 아침이 반복된다면 당신이 원하는 미래의 시간을 앞당길 수 있을 것이다.

# 꿈꾸는 엄마를 위한 시간 관리 Tip

### 1. 새벽을 주도하는 사람들의 습관

이들이 새벽에 일어나 하루를 시작하는 것은 워커홀릭이어서가 아니다. 아무 방해도 받지 않고 조용히 일에 집중하기 위해서이다. 새벽 기상은 증명된 성공 가설이다. 누구나 반복적인 행동이 몸에 좋은 기억으로 남는다면, 일찍 일어나는 습관을 고수할 수 있다.

1) 미셸 오바마 : 새벽 4시 30분에 기상해 운동, 명상

2) 팀 쿡 : 새벽 3시 45분에 기상해 업무 준비

3) 코비 브라이언트 : 새벽 4시에 기상해 운동 훈련

4) 무라카미 하루키 : 새벽 4시에 기상해 원고 집필

### 2. 자투리 시간을 활용하라

이동 시간만 잘 활용해도 많은 일을 할 수 있다. 이동해야 할 일이 생기면, 오가는 시간 '틈'이 생긴다. 이 틈을 이용해 할 일을 하나씩 끼워 맞춘다. 예를 들면, 출근길에는 주식 경제 이슈, 트렌드 등

을 다루는 유튜브, 독서 시간을 아껴주는 오디오북을 귀에 꽂는다. 그래서 '내일 출근길엔 무엇을 들을까'도 플래너 작성에 포함된다. 공부, 독서 시간을 테트리스 게임을 하듯 짜맞추는 방법이다.

### 3. 멀티플레이어가 되라

시간은 똑같이 한정됐고 언제나 부족하다. 그러나 시간에 끌려 다닐지, 시간을 끌어당길지는 내 결정에 달렸다. 보석같은 시간을 아끼기 위해서라도 가능하다면 여러 일을 동시에 해 보라. (예: 대중교통을 이용하면서 오디오북을 듣는다든지, 유축하는 동안 유튜브 영상 편집을 한다.)

### 4. 성공적인 새벽 기상의 MAKE IT 법칙

성공적인 새벽 기상을 위한 법칙은 'MAKE IT' 6가지로 정리할 수 있다.

1) M(Meditation): 명상하기

가만히 눈을 감고 생각을 비우는 것 자체가 쉽지 않지만, 차분한 음악을 틀어 놓고, 내 숨이 제대로 들어오는지, 숨이 어떻게 나가는지, 통증이 느껴지는 곳은 없는지 호흡에 집중해 보라. 그러다 보면 머릿속에 떠다니는 잡다한 생각들이 하나둘씩 자취를 감추는 경험을 할 것이다.

## 2) A(Affirmation): 확언 노트 쓰기

확언 노트를 쓰면서 내 미래의 시간을 앞당기는 주문을 건다. 확언 노트는 이루고픈 내 목표를 과거형으로 쓰는 것이다. 확언 노트를 쓰다보면, '왜 이런 삶을 원하는지'에 대한 질문이나 '존재의 정의', '계획'에 대한 밑그림이 저절로 따라온다.


## 3) K(Kind to myself): 나 자신에게 친절하기

세상이 잠든 새벽에 일어나, 목표를 달성해 보기로 마음먹고, 하루하루를 값지게 쓰려고 애쓰는 나 자신을 칭찬할 수 있는 사람이 되어 주길, 이런 과정을 통해 나를 더 아끼고 나 자신을 사랑할 수 있는 사람이 되길 바란다. 당신 자신을 위해 살겠다고 첫발을 내디딘 것만으로도 대단한 일이라는 것을 꼭 기억하길 바란다.


## 4) E(Exercise): 운동하기

하고 싶은 일을 이루기 위해서는 체력이 필요하다. 요가를 하는 것과는 별개이다. 운동은 확실히 삶에 에너지를 준다.


## 5) I(Interest): 내가 좋아하는 것을 하기

사람들은 생김새만큼이나 각자 좋아하는 것이 모두 다르다. 독서든, 뜨개질이든, 그림을 그리든, 영상편집이든 자신이 좋아하는 것을 하자. 5년 뒤, 10년 뒤에도 가슴 뛰며 이루고 있을 것으로 새벽을 채우기를 바란다.

### 6) T(Training): 반복해서 훈련하기

무엇이든 한 번이 어렵지 두 번은 쉽다. 패턴이 한 번 깨지면 두 번 깨지기는 쉽고 세 번 네 번은 일도 아니다. 그리고 새벽 루틴을 이어가지 못한 데 대한 자기 합리화가 시작된다. 어렵게 얻은 새벽 기상 패턴을 뇌와 몸에 더 각인시키기 위해 훈련을 반복해야 한다.

# 5장

# 미라클 모닝이
# 가져온 긍정적 효과

\* \* \*

"하루의 가장 달콤한 순간은 새벽에 있다."

- 스티븐 윌콕스(Stephen Wilcox), 미국의 발명가

# 하루를 통제할 수 있는 힘이 생긴다

새벽은 '엄마'와 '나'의 기로에서 흔들리고 방황하는 나에게 '절대 너 자신을 놓지 마'라고 깨우쳐 준다. 모두가 잠든 시간 일찍 일어나 하루를 준비하고 계획을 잘 세우는 것, 그것 자체만으로도 큰 성취감을 주지만, 나를 돌아보는, 그러면서도 누구 엄마가 아닌 나 자신에게 온전히 집중할 수 있는 시간이 되어 주기도 한다.

습관을 만들기에 앞서, 먼저 해야 할 일이 있다. 역할 말고, 진짜 나와 마주할 준비가 되어 있냐는 것이다. 누구 엄마, 누구 대리·과장·차장 말고 나 자신만을 위한 시간을 보낼 각오가 되었는지 점검해야 한다. 사회적 위치, 혹은 지위에 따라 맡은 역할을 잘 해내는 것도 필요하지만 그 역할에만 매몰되어서는 안 된다.

많은 엄마가 자녀들을 대학에 보내고 난 뒤, 혹은 결혼시킨 뒤 우울증을 겪는다. 직장인들은 번아웃증후군(Burnout Syndrome)을 겪는다. 사람마다 여러 가지 이유가 있겠지만, 대부분은 자신의 인생에서 '내'가 빠졌기 때문이다. 내 삶의 목표와 주체가 내가 아니기 때문이다. 많은 엄마가 자식만을 위해 살고, 직장인들은 회사를 위해 자신의 소중한 시간의 대부분을 쏟아붓는다.

자녀의 진로나 결혼 혹은 회사 업무, 인사 등이 자기 뜻대로 안 될 경우, 물리적·심리적으로 멀어지거나, 자녀나 회사로부터 인정받지 못하면 그간 나를 지탱해 온 목적이 사라지면서 공허해진다.

## 내 하루의 시작과 끝은 통제할 수 있다

새벽 4시 반에 일어난다고 하면 그 다음 질문의 99퍼센트는 "그럼 몇 시에 자요?"이다. 그리고 "피곤하지 않아요? 그래도 잠은 푹 자야 하는데"라는 걱정으로 이어진다. 나는 더 중요한 질문이 있다고 생각한다.

"무엇이 당신을 그렇게 일찍 일어나도록 하나요?"

새벽 기상을 꾸준한 습관으로 만들기 위해 반드시 필요한 두 가지가 있다. 꾸준함과 통제력이다. 한 번은 쉽다. 꾸준하기가 어려울 뿐. 그리고 내가 통제할 수 있는 것과 없는 것을 구분하고, 통제 가능한 것은 반드시 내 의지로, 스스로 조절해야 한다. 새벽 기상에서 통제 가능한 것은 하루의 시작과 끝이다.

먼저 당부하고 싶은 것은, 꾸준함과 통제력을 100퍼센트 발휘할 수 있도록 나를 이끌어 줄 오직 '나만의 무기'가 필요하다는 것이다. 바로 '동기부여'라는 녀석이다.

단순히 일찍 일어나는 것은 일어나야만 하는 외부 요인이 생기면 누구든 할 수 있다. 교대 근무를 한다면 어쩔 수 없이 새벽에 일어나기도 한다. 그러나 그들의 새벽이 자신의 성장에 관계된 가치를 발휘하지 못하는 것은 새벽에 일어난 이유가 '나를 위해서'가 아니라 '일'이나 '회사'를 위해서이기 때문이다.

또 일찍 일어나기'만' 한다면, 부지런하다는 수식어는 붙겠지만 그 이상의 의미는 발휘하기 힘들다. 그저 피곤하기만 할 수도 있다. 신체적으로 눈을 뜨고 침대에서 나오는 것 외에, 새벽에도 당신의 두 눈을 반짝이게 할 수 있는 것. 아무리 피곤해도 침대와 이불을 박차고 나올 수 있게 해 주는 '나만의 목표'를 잡는 게 먼저다.


나의 경우 새벽을 깨우는 힘이 '채널을 통해 나를 브랜딩하고, 이를 위한 나만의 콘텐츠를 만드는 것'이었다. 낮에는 업무 때문에,

출산 뒤에는 일에 육아에 집안일까지 해야 하니, 늘 시간에 쫓겼다. 그러다 발견한 새벽 시간. 간혹 아이가 변수이기는 했지만, 이 시간 만큼은 회사에서도 찾지 않고 그 어떤 메신저도 울리지 않는다. 방해받지 않고 원하는 것을 할 수 있는 유일한 시간이다. 몸이 좀 피곤하고 더 자고 싶어도 '하고 싶은 것을 해냈다'는 성취감의 맛을 보기 위해 이제는 몸이 알아서 움직인다.

## 내가 무엇을 하고 싶은지 살펴라

새벽을 깨우는 나만의 원동력이 필요하다. 이는 작은 성취감을 줄 수 있는 소소한 목표부터 마련하는 것이 좋다. 영어 공부를 하고 싶다면, 유명인의 10분짜리 영어 연설을 자막 없이 보겠다든지, 옆집에 외국인이 이사를 왔는데 단 5분이라도 대화를 나눠 보고 싶다든지 등, 매일 30분에서 1시간씩 투자해 30일 내에는 달성할 수 있는 나만의 목표를 세워야 한다.

나아가 영어 유치원 등을 보내지 않고도, 엄마가 자녀에게 영어를 직접 가르쳐서 '엄마표 영어' 같은 책도 내고, 강연도 다니겠다는 목표를 세우면 더 오래 지속할 수 있다. 목표를 구체적으로 세우고, 일찍 자고 일찍 일어나면 되니 얼마나 간단하면서도 멋진 자기 일인가.

독서 계획도 마찬가지이다. 단순히 책장을 넘기는 것에 그치지 않으려면 세부적인 계획이 필요하다. 일주일에 한 권씩 읽고 독서 노트를 써서 기록으로 남기겠다든지, SNS에 인증샷을 남겨 비슷한 관심사의 사람들을 모으겠다든지 말이다. 이를 바탕으로 독서 모임이나 책 리뷰 블로그 운영, 내 이름으로 된 책 출간, 혹은 1인 출판사나 작은 책방 시작 등 5년이나 10년 뒤에는 반드시 이루고픈 '나의 삶, 나의 모습'이 수반된다면 새벽 기상 습관을 지속할 수 있다. 새벽에 하는 것들은 회사 업무와는 별개로 자기 성장, 자기가 소중하다고 여기는 것이기 때문이다. 일과 시간에는 일을 해야 하니, 새벽에는 자신을 위한 생산성 있는 계획이 필요하다.

그래서 목표는 상상 가능하고 구체적일수록 좋다. 그 목표를 달성한 모습이 선명하게 그려진다면 꾸준함, 자기 통제력은 자연히 따라온다. 새벽 기상은 그저 거들뿐이다.


## 달성하기 쉬운 작은 목표부터 세워라

사람은 '기억'하는 동물이다. 이 기억에 새벽 기상을 만드는 '습관'이 아닌 새벽이 주는 '기쁨'을 구체적으로 입력하고 반복한다면 뇌와 심장은 알아서 움직이게 되어 있다. 어떤가? 당신의 심장은 두근거리는가? 뇌에 엄마는 잠시 잊고 '나'를 새길 준비가 됐는가? 그럼 이제 실행으로 옮겨 보자.

거창할 필요는 없다. 처음 목표는 간단하고 구체적일수록 달성하기 쉽고, 이런 작은 성취감은 더 큰 도전을 이끈다.

예를 들어, 미술을 전공하고 작가를 꿈꿨는데 취업난, 혹은 출산과 육아로 꿈을 포기했다면, 일단 내일은 '가장 가까운 미술관 가기'를 목표로 잡는다. 새벽에 가기는 어려우니 랜선 미술관 같은 것도 좋고, 미술관 홈페이지 등에 들어가서 보는 것도 좋다. 꿈을 포기한 지 10년이 지났지만 여전히 미술관만 보면 '내 작품도 여기에 걸렸으면 좋겠다. 많은 사람들이 봐 주면 좋겠다'라는 생각이 드는지 내 마음부터 살펴본다.

미술관에 갔더니 코가 뻥 뚫리는 것 같고 심장이 다시 두근거린다면, 내일은 구석에 방치해 뒀던 붓이나 캔버스 등을 찾아 꺼내 보기만 한다. 그리고 그냥 눈앞에다 둔다. 다음날 목표는 '캔버스를 한 장 넘겨 보는 것'이다. 그곳에는 예전에 그린 그림이 있을 수도 있고, 아직 채색되지 않은 깨끗한 종이가 펼쳐질 수도 있다. 붓을 다시 들지, 캔버스를 채워 갈지는 당신의 다음 목표가 선택할 것이다.

예술가 타이틀까지는 아니더라도, 좋아하는 그림을 그리며 살고 싶다면, 미술 교습소를 차리는 것을 중장기 목표로 세울 수도 있다. 또 교습소까지는 아니더라도 숨고나 탈잉, 크몽 같은 튜터링 플랫폼에서 수업을 진행하며 관련 커리어를 쌓을 수 있다. 만약 그렇게 마음먹었다면 일단 오늘 목표는 '숨고 가입하기'까지만 하도록 한다. 그러면서 다른 사람들은 어떻게 전문가 이력을 올렸나 한번 쓰윽 훑어 보는 것이다.

다음날에는 이력서를 작성하는 것만 목표로 둔다. 이렇게 하나씩 목표의 개수나 그 크기를 늘려 간다. 처음부터 계획만 잔뜩 세우면, 마음만 급하고 이루지도 못하고, '내가 그렇지, 뭐' 하고 포기하게 된다.

당신이 원하는 모습과 실천 가능한 구체적인 목표, 그것이 당신의 달콤한 잠을 깨우고 새벽으로 이끌어 줄 가장 큰 힘이다.

---

### [새벽을 깨우기 위한 질문]

Q. 지금 당신은 원하던 대로 살고 있나요? 당신의 현재 모습, 역할에 만족하나요?

Q. 학창 시절 당신은 무엇을 하는 것을 좋아했나요? 왜 좋아했나요? 그 꿈을 이뤘나요?

Q. 이뤘다면, 다음 꿈은 무엇인가요? 이루지 못했다면 원인은 무엇인가요? 거꾸로 추적해 보세요.

Q. 5년 뒤, 10년 뒤 당신은 무엇을 하고 있나요? 그 모습이 만족스러운가요? 이대로는 안 될 것 같은가요?

Q. 당신이 원하는 모습으로 살기 위해 지금 당장 무엇을 할 수 있나요?

---

# 내일을 기대하며 살게 된다

출산한 지 6개월이 되었을 무렵, 이전에 있던 허리 디스크가 터졌다. 디스크 재발은 초보맘의 모유수유 시작과 함께 예견되었다. 산후조리원에서부터 2~3시간마다 모유수유를 반복했는데, 내 등과 허리는 아기가 젖을 잘 빨 수 있도록 몸을 맞추느라 구부러질 수밖에 없었다. 의욕만큼은 최고인 초보맘은 젖을 빨다 잠드는 아이의 어깨와 발을 연신 주무르고 깨워가며 열정적으로 젖을 물렸다.

산후조리원은 천국이었다. 집에 돌아오고 난 뒤에는 아기를 돌보느라 하루에 수십 번 '안눕안눕(안았다 눕혔다)'을 반복하고 둥게둥게 안고 걷고, 기저귀를 갈아 주고 엉덩이를 씻겼다. 아기는 기어 다니기 시작하면서 물티슈, 각티슈를 다 뽑아 버리고 두루마리 휴지도

🕐 꿈꾸는 엄마의 미라클 모닝

다 풀어 헤쳤다. 장난감, 기저귀, 양말 등 손에 닿는 무엇이든 서랍에서 죄다 꺼냈다. 거실과 방은 폭탄이라도 맞은 듯 매일 쑥대밭이 되었다. 아장아장 걷는 아기 뒤를 뒤따라가며, 연신 굽신굽신 '이삭줍기'를 했다. 멀쩡했던 허리도 아이를 낳으면 아플 수 밖에 없다는 말을 몸소 체감했다.

이런 날이 반복되었고, 허리는 점점 펴지지도 구부러지지도 않았다. 어깨와 등, 골반까지 두드려 맞은 것처럼 여기저기가 다 아팠다. 다리까지 저려 왔다. 앉아도 걸어도 누워도 욱신거렸다. 나중에는 통증 때문에 잠들기조차 힘들었다.

휴직 중이라 웬만하면 진통소염제를 안 먹고 저절로 낫기를 기다리며 버티려 했다. 그러나 허리를 가로지르는 듯한 찌릿한 통증을 느껴 가며 작은 생명체를 돌보기란 불가능했다. 하필 그때 또 아이가 장염에 걸렸다. 딸은 하루에도 수십 번씩 응가를 하고, 기저귀 발진에 살갗이 벗겨졌다. 물소리만 들어도 울부짖고 버둥대는 딸을 안아 씻기고 땀과 눈물로 범벅된 얼굴을 닦아 주며, 나는 약을 삼켰다.

의사들은 디스크가 일종의 노화여서 완치가 어렵다고 했다. 잘못 쓰고 많이 써서 닳고 닳은 거라, 평생 운동하고 관리하며 사는 수밖에 없다고 했다. 몸과 마음이 무너져 갔다. 이대로는 안 되겠다 싶었다. 병원 진료를 받으며 통증이 사그라들 즈음 필라테스로 재활을 시작했다. 마침 집 근처에 교습소가 있어서 비뚤어진 골반과 척추 교정부터 하나씩 했다. 운동밖에 없었다. 복근과 엉덩이 근육도 키워야 했다. '홈트라도 해야지'라고 결심했지만 바닥난 체력과 육아를 핑계로 깨작거리다 철푸덕 널부러지기만 반복했다.


## 복직 1년, 엄마의 바디프로필

운동을 해야겠다는 목표는 세웠지만 운동할 동기부여가 더 필요했다. 호기롭게 바디프로필을 찍기로 했다. 새벽에 일어나서 무조건 30분 동안 복근 운동을 했다. 점심 약속이 없는 날에는 헬스장으로 향했다. 운동량이 충분하지는 않았지만 바디프로필을 찍겠다는 목표 덕에, 출산 뒤 그렇게 빠지지 않던 마의 3킬로그램을 모두 감량했다. 프로필 촬영 당일 몸무게로 따지면 5킬로그램 정도 뺐다.

살을 뺀다는 것은 단순히 몸무게가 줄었다는 수치적 성과만을 의미하지 않는다. 임신하고 10킬로그램 정도 불어났다가 아이가 나왔는데도 어째 변함없는 몸매에서 오는 충격, 임신 전에 입던 옷들이 몽땅 작아진 데서 오는 자괴감 등은 자신감을 바닥으로 떨어뜨린다. 괜한 자격지심에 스스로가 위축된다.

다행히도 다시 운동하면서 잃어버렸던 생기를 되찾을 수 있었다. 급격히 떨어졌던 체력도 회복했다. 허리는 육아를 하는 한 안 쓸 수가 없기에, 통증이 씻은 듯이 사라진 것은 아니다. 그래도 운동하고 노력하면 나아질 수 있다는 사실을 재차 확인했다. 허리가 아파 오더라도 겁먹기보다는, 하루하루 조심하고 관리하면서 잘 버텨 내고 있다.


## 왕년의 댄스부장, 엄마의 비상

운동을 하는 것 외에 세운 또 다른 목표는 바로 '아이돌 댄스'이다. 기왕이면 즐겁게 운동하고 싶었다. 예전부터 아이돌 댄스를 춰보고 싶었고, 둘째를 가지면 또 못할 것이기에 할 수 있을 때 하기로 했다. 감히 아이돌 댄스를 따라 추면서 한 주간 쌓인 스트레스를 신나게 해소한다. 한 곡을 완성하면 영상으로도 남긴다.

댄스 연습과 촬영은 주말 새벽 6시부터 한다. 춤에 빠진 엄마의 열정은 선생님의 기상 시간도 앞당겼다. 흥 많은 두 여성은 아이돌 음악에 맞춰 꼭두새벽부터 리듬에 몸을 맡긴다. 오전 8시부터는 아이와 행복한 시간을 보내기 위해 주말에도 새벽을 택할 수밖에 없었다. 게다가 새벽은 연습실 대관료도 저렴하다.

밤은 언제나 아쉽고 새벽은 늘 기대된다. 좋아하는 것을 하면서 하루를 시작했기에 일할 때도 에너지가 솟구친다. 집중력과 업무 효율도 높아진다. 놀랍게도 운동과 춤은 일과 육아에 지쳐 가던 내 일상에 활기와 웃음을, 또 용기와 자신감을 심어 주었다.

나는 이렇게 나 자신으로도, 엄마로도 살기 위해 목표를 세우고 하나씩 이루고 있다. 앞으로도 그렇게 살 것이다. 어제보다 더 나은 오늘을, 오늘보다 더 행복한 내일을 만들 것이다.

# 아이와의 관계가 달라진다

새벽 기상의 가장 자랑스러운 성과는 더 이상 아이에게 죄책감을 갖지 않아도 된다는 것이다. 새벽에 오늘 해야 할 일을 먼저 끝냈으니, 아이가 잠에서 깨어나 엄마를 부르는 순간부터 사랑스러운 아이의 눈빛과 손짓에 더 열렬히 반응해 줄 수 있다.

지금 당장 괄목할 만한 성과가 없더라도, 작지만 꾸준히 꿈을 그려 가고 있는 것은 아이도 마찬가지였다. 엄마가 발을 동동 구르며 조급해 하지 않아도 나의 작은 아이는 스스로 자라나고 있었다.

매일 새벽에 일어나 곤히 잠든 아이를 보며 "아가야, 딱 2시간만 엄마 기다려 줘"라고 부탁한다. 그러면 자고 있는 아이의 화답이 꼭 들리는 것 같았다. "엄마, 조바심 내지 말고 내가 자라는 시간도 꼭 기다려 줘"라고. 예전에는 결코 들을 수 없던 소리가 새벽에서야 들렸다.


## 생초보맘의 이별 연습

세상일은 호락호락하지 않았다. 복직 한 달 전, 유례없던 팬데믹이 덮쳤고, 복직 예정일은 코로나19가 급속도로 확산되던 무렵이었다. 연차를 '영끌'해 대처했지만 땜질 수준이었다. 코로나는 조금도 사그라들 기미기 보이지 않았다. 엄마의 복직과 동시에 생후 15개월 된 아이는 역병이 도사리는 세상에 첫발을 내디뎌야 했다.

'긴급 돌봄'이 무슨 말인지도 몰랐던 생초보맘은 어린이집 선생님들에게 부탁드리는 것 말고는 할 수 있는 게 없었다. '가급적 가정에서 돌봐 달라'는 국가적 권유에도, 적응 기간도 없이 어린이집에 아이를 보내야 했다.

"햇빛 눈이 부신 날에 이별해 봤니"라는 1990년대 노래 가사처럼, 꽃 피고 새 지저귀는 화사한 봄날, 어린이집 앞에서 모녀는 눈물 콧물 다 쏟는 생이별을 겪었다. 1년 3개월 만의 복직이라 잔뜩 긴장한 데다, 엄마를 부르며 오열하는 아이와 떨어지느라 애간장이 바싹바싹 타들어갔다.

하원하면서 선생님 얘기를 들을 때는 땅 속으로 꺼지는 기분이었

　　　🕐 꿈꾸는 엄마의 미라클 모닝

다. 처음 일주일 정도는 선생님이 말을 걸어도 빤히 쳐다보기만 하거나, 장난감만 만지작거렸다고 했다. 그러다 다른 아이가 등원하면서 친구 엄마 목소리가 들리면, 집에 가겠다고 문 앞에서 "엄마, 엄마" 부르며 울었다고 한다. 열흘쯤 지나도 아이는 기저귀를 갈아주려는 어린이집 선생님 손길에도 뒷걸음질쳤다. 좋아하는 바나나, 토마토 간식에도 입을 꾹 다물었다. 점심도 먹지 않았다. 아이는 집에 와서야 음식을 삼켰다. '1일 1쾌변'을 하던 딸은 한동안 변도 잘 보지 못했다.

한숨밖에 나오지 않았다. 그렇다고 내가 할 수 있는 것도 없었다. 아이가 아무것도 먹지 않았다는 선생님의 말에도 다음날 또 다시 어린이집으로 향했다.


## 엄마 마음을 알아 준 아이의 적응

우는 아이를 뒤로 한 채 출근하면 속상함이 밀려 왔다. 주저앉고 싶었다. '지금 뭘 하고 있는 것인가' 하고 죄책감이 어깨를 짓눌렀다. 다 놔 버리고 엄마 손이 너무나도 필요한 이 시기만이라도 함께 있어 줘야 하나라며 눈물과 한숨 속에 보름 남짓한 시간이 흘렀다.

이런 엄마의 마음을 알았던 걸까? 아이는 2주가 지나더니 선생님 손에 기저귀를 맡겼다. 간식도 입에 넣기 시작했다. 엄마와 떨어질 때도 잠깐은 입이 쌜쭉해지기는 했지만, 더는 울지 않았다. 아이는 그렇게 자라고 있었다. 자기 속도대로 조금씩 작은 손과 발을 세상에 뻗어 나가고 있었다. 처음부터 엄마의 의지나 계획과는 상관없는 것이었다.

돌이켜 보면 2주가량의 시간이 아이에게는 '탐색기'였던 듯하다. '여기가 어떤 곳이고 눈앞에 있는 선생님들, 친구들은 좋은 사람들인가?' 지켜봤던 것 같다. 그제서야 아이가 좀 예민한 편이기도 했다는 것을 새삼 깨달았다. 물건이 생소하거나 자기 것이 아니면 잘 만지지 않는다. 처음 보는 음식도 먹지 않았다. 냄새나 모양이 익숙지 않으면 엄마 아빠 입에 먼저 넣어 주고, 먹는 모습을 다 본 다음에야 음식을 삼키던 딸이다. 아이는 확신이 설 때까지 처음 마주한 세상을 지켜보고 있었던 것이다. 그렇게 딸은 자신의 속도로, 방식대로 세상에 적응해 나갔다.

엄마의 생각보다 아이는 훨씬 강했다. 한 달쯤 지나자 어린이집에 "엄마, 빠빠이" 하고 뒤도 안돌아보고 들어갔다. 한 달 반 뒤에는 아침에 일어나자마자 어린이집 가방을 들고 현관문을 두드렸다.


## 스스로를 돌아보고 치유하는 시간

루이스 헤이(Louise L. Hay)의 《치유》에는 이런 대목이 나온다. 사람들이 자신을 부정적으로 대하는 태도는 '~를 해야 한다'는 사고에서 비롯되기 때문이라고 한다. '~를 해야 한다'는 것은 이미 잘못했든지, 지금 잘못하고 있든지, 앞으로 잘못할 것이든지 간에, '어쨌든 우리가 잘못했다. 틀렸다'라는 뜻이다. 저자는 우리가 인생을 사는데 있어서 잘못을 저지를 이유가 없고, 대신 '~를 할 수 있다'라는 말로 바꿔 선택권을 줘야 한다고 설명한다.

아이를 어린이집에 맡긴다고 '내'가 '잘못한 것'은 아니다. 내가 꿈이 많은 것도 '잘못'이 아니다. 무모한 꿈을 이루겠다고 가정을 내팽개치고 떠나려는 것도 아니고, 그저 아이 낳기 전에 하던 일을 하고, 글을 쓰고, 콘텐츠를 만드는 보람과 기쁨을 지켜 나가고 싶었을 뿐이다. 코로나로 팬데믹이 온 '상황'의 문제지, 결코 나와 아이의 문제가 아니었다.

루이스 헤이의 말처럼 '내가 나를 사랑하지 못하고 인정하지 못하는 데서 오는 문제'였다. 일을 그만두고 아이를 봐야 한다는 해내지도 못할, 원하지도 않는 기준점을 세워 놓고 마땅히 그래야만 하는 것처럼 여겼고, 그것을 하지 못한 자신을 탓하고 있었다. 일을 그만둔다고 육아를 완벽하게 해낼 자신도 없으면서.

어쩌면 당연하지만 잊고 지내던 것을 새벽이 찾아 줬다. 나를 돌아보는 시간이 없었다면 별 문제도 아닌 것에 또다시 끙끙대고 자책하고 주변을 원망하며 살았을 테다.

이제는 나를 지켜 주는 새벽이, 또 루틴이 있다. 해 온 대로, 나답게 해내면 되는 것이다. '엄마'를 부르는 아이의 목소리에 '나를 위한 새벽' 종료음을 울리고 본격적인 하루가 시작된다. 여전히 부족한 엄마이지만 나를 보고 웃어 주는 아이와의 시간이 한없이 귀하게 느껴진다. 이렇게 엄마는 딸과 함께 성장하고 있다.

# 마음 그릇이 넓어지는 하루를 경험한다

영화〈봄날은 간다〉에서 유지태는 이영애를 만나기 위해 깊은 새벽, 택시 한 대를 붙잡는다. 유지태는 "강릉이요"라고 목적지를 말하고, 카메라는 괴로워하는 그의 얼굴을 비춘다. 그는 이영애에게 달려가 차가운 표정의 그녀에게 "사랑이 어떻게 변하니"라는 명대사를 남긴다. 그리운 누군가를 만나기 위해 그는 서울 강북에서 강남도 아니고 강릉까지 택시를 탔다. 그에게 돈과 시간은 중요하지 않았다. 해피엔딩이라는 확신도 없었다. 그저 사랑하는 사람이 보고 싶었을 뿐이었다. 애석하게도 그가 사랑한 그녀는, 그를 '라면'으로밖에 생각하지 않았을지언정 말이다.

## 시간이 없다는 핑계

나는 시간이 없어서 하고픈 것을 못 한다는 사람들에게 이 영화 이야기를 한다. 그러면 다들 멋쩍게 웃는다. 엄마 아빠가 전화라도 좀 하라고 하면 바빠서 못했다면서, 보고 싶다는 애인의 한마디에는 한밤중에 달려간 경험이 누구나 한 번쯤은 있지 않은가. 다들 돈 없고, 직업도 없이 그저 절절한 마음으로 연애하던 시절을 떠올리면서 시간이 없다는 것은 핑계였음을, 그만큼 자신의 목표가 절실하지 않았음을 인정한다.

워킹맘의 시간은 절대적으로 부족하다. 그런데 잠시 솔직해져 보자. 아이 낳기 전에는 새해 결심을 다 이루어 본 적이 있는가? 결혼하기 전에는 어땠는가? 대학교 때는? 학창시절에는? 우리는 단 한 번도 바쁘지 않았던 적이 없다. 단 한 번도 힘들지 않았던 때도 없었다.

세상은 불공평하다. 태어날 때 물고 나온 수저에 따라 출발선 자체가 다르다. 공평한 것은 시간뿐이다. 시간은 성별, 연령, 직업, 재산, 명예 등을 따지지 않고 매일 우리에게 늘 똑같이 주어진다. 그러나 이 시간을 바라보는 '태도'는 사람마다 다르다. 태도는 사람의 마음을 움직이고, 그 마음은 행동을 이끈다.

결국 어떤 태도로 사느냐에 따라 오늘과 내일이 달라지고, 또 많은 오늘과 내일이 쌓인 5년 뒤, 10년 뒤가 다를 것이다. 매일 웃으며 "선물이야"라고 찾아오는 24시간을 "우리 부모님은 내게 금수저를 주지 못했어, 남편 연봉이 너무 적어, 이 사람과 결혼한 게 잘못이야"라며 원망하고 미워하며 보내지는 않았으면 한다.

과거도 마찬가지이다. 과거를 후회하고 원망한들 지금 나에게 영향을 줄 수 있는 것은 아무것도 없다. 마음만 더 괴로워질 뿐, 아무것도 달라지지 않는다. 대신 과거를 바라보는 태도는 바꿀 수 있다. 과거에서 배울 수 있고, 예전에 저지른 실수를 다음에는 피해갈 수 있다. 혹은 더 즐겁고 행복하게 살 수 있는 방법을 찾을 수 있다.


## 잃어버린 인생 vs 얻어지는 인생

차동엽의 《잊혀진 질문》에 이런 구절이 나온다.

"얻은 것은 하나도 없고 세 가지를 잃었습니다. 첫째는 일이 많아 공부를 못했고, 둘째는 보수가 적어 친척 대접을 못 했으며, 셋째는 공무가 다급해서 친구 사이가 멀어졌습니다."

"저는 잃은 것은 하나도 없고 세 가지를 얻었습니다. 첫째는 배운 것을 실행하면서 배운 내용이 더 확실해졌고, 둘째는 보수를 아껴 친척을 접대

하니 더욱 친숙해졌고, 셋째는 공무의 여가에 친구들과 교제하니 우정이
더욱 두터워졌습니다."

잃어버리는 인생과 얻어지는 인생의 차이, 그 답은 우리 안에 있
다. 모든 것을 잃었다고 생각했던 그 순간이, 모든 것을 얻는 시작
점으로 작용할 수 있다. 현실을 바꿀 수 없지만 현실을 보는 눈은
바꿀 수 있다. 지금 살고 있는 이 시간을 어떤 눈으로 바라보느냐
에 따라 앞으로의 삶을 불만 속에서 살지, 행복하게 살지 정해질
것이다.

## 성장하는 엄마의 하루

냉정하게 말하자면 우리에게는 지금까지 시간적 여유가 아니라,
마음의 여유가 없었던 것이다. 늘 조급했기에 실수하고, 기다리지
못해 짜증내고, 신경질을 냈다. 마음에 누군가 들어올 공간도 없으
면서 '알아서 와 주겠지' 하고 혼자 기대했다. 그리고 기대만큼 해
주지 않은 상대를 원망했다.

육아를 하면서 가장 힘든 것이 '기다림'인 듯하다. 기저귀를 떼고
대소변을 가리는 것, 말하는 것, 밥을 흘리지 않고 먹는 것, 옷을 더
럽히지 않고 깨끗하게 입는 것, 숙제를 알아서 하는 것 등, 부모는

아이가 살아가면서 필요한 것들을 하나 하나 터득해 나가는 것을 인내심을 갖고 기다려야 한다. 그러나 많은 부모가 그 시간을 기다리지 못해 힘들어 한다. 부모가 걱정과 조바심을 내는 그 문제들은 5년 뒤에는 아무 일도 아닌 것이 대다수일 텐데도 말이다. 아이들의 느린 행동이, 말이 통하지 않는 순간들이 답답하니 짜증나고, 여과 없이 말을 내뱉으면서 아이에게 평생 남을 상처를 주고는 한다.

바로 이것이 엄마만의 시간이 필요한 이유이다. 아무도 방해하지 않는 새벽 시간에 나를 돌아보는 것만으로도 생각과 마음 그릇이 넓어진다. 오롯이 혼자만의 시간을 가지고 나면 그 마음에서 머물다가 나오는 말도 품위가 더해진다. 입밖으로 내기 전에 그 말을 오랫동안 준비했기 때문이다. 나에게 새벽 시간은 그랬다.

언제인가 아이가 '집'을 떠올릴 때 그 집이 편안한 곳이기를 바란다. 그리고 그 집에 있는 엄마를, 재촉하고 다그치는 어른이 아닌 '언제든 나를 믿어 주는 사람'이라고 기억하기를 소망한다. 실수를 좀 하더라도 괜찮다고, 잘하고 있다고 '엄마는 항상 자기 편이 되어 주는 사람'이라는 따뜻한 기억을 심어 주고 싶다.

아이가 살아가면서 겪을 수많은 실패와 좌절의 순간에도, 평생을 견뎌 나갈 수 있는 온기를 전해 주고 싶다. 그리고 그것이 끝없는 에너지원이 되어, 언제나 도전하고 가슴이 두근거리는 삶을 살 수 있기를 바란다.

　나를 위한 미라클 모닝, 엄마로 성장할 수 있기를 꿈꾸며 오늘도
나를 찾아 떠난다.

# 꿈꾸는 엄마를 위한 시간 관리 Tip

### 1. 나와 마주하는 시간을 가져라

습관을 만들기에 앞서, 먼저 해야 할 일이 있다. 역할 말고, 진짜 나와 마주할 준비가 되어 있어야 한다. 누구 엄마, 누구 대리·과장· 차장 말고 나 자신만을 위한 시간을 보낼 각오가 되었는지 점검해야 한다. 당신이 원하는 모습과 실천 가능한 구체적인 목표, 그것이 당신의 달콤한 잠을 깨우고 새벽으로 이끌어 줄 가장 큰 힘이다.

1) 하루의 시작과 끝은 내가 통제할 수 있다
2) 내가 무엇을 하고 싶은지 살펴라
3) 달성하기 쉬운 작은 목표부터 세워라

### 2. 달라진 아이와의 관계를 느껴라

새벽 기상의 가장 자랑스러운 성과는 더 이상 아이에게 죄책감을 갖지 않아도 된다는 것이다. 새벽에 오늘 해야 할 일을 먼저 끝냈으니, 아이가 잠에서 깨어나 엄마를 부르는 순간부터 사랑스러운 아이의 눈빛과 손짓에 더 열렬히 반응해 줄 수 있다.

## 3. 마음 그릇이 넓어지는 하루를 경험하라

'엄마'와 '나' 사이에서 더는 방황하지 말고 똑바로 서는 것부터 하자. 엄마가 흔들리면, 엄마가 세상의 전부인 아이도 흔들릴 수밖에 없다. 아이만 돌볼 게 아니라, 스스로도 돌볼 줄 알아야 한다. 엄마에게도 시간이 필요한 이유이다. 차분히 돌아보고, 자신에게 집중하는 시간을 가져야 한다.

# 결국, 엄마와 아이가 행복한 24시간

일하다가 아이를 낳으러 출산휴가와 육아휴직에 들어가면, 그 순간부터 복직을 생각하게 된다. 참 신기한 일이다. 15개월이면 결코 짧지 않은 시간이다. 3킬로그램 신생아가 10킬로그램가량의 유아가 되는 시간. 누워서 팔다리만 꼼지락하던 아기가 걷고 뛰고 떼도 쓸 줄 알게 되는 시간. 그런데 그 15개월 동안 워킹맘은 버거운 육아를 하면서 머릿속으로는 복직을 생각한다. 아니, 걱정한다. 일도, 육아도 잘할 수 있을까? 아이가 거실에서 잠든 동안, 밥을 먹다가도 이 걱정이 머릿속을 떠나지 않는다.

일과 육아를 굳이 분리해야 할까? 육아도 큰 '일'인데, 회사 업무는 의지와 노력이 결과로 나오기라도 하지, 육아는 예측 불가 변수투성이인데, 전업맘이라고 해서 워킹맘보다 편하다고 할 수 있을까? 그리고 워킹맘이라 해서 아이 생각을 덜 한다고 할 수 있을까? 내 새끼 귀하고 소중한 것은 마찬가지일 텐데. 그런데 세상은 마치 일과 육아, 둘 다 잡아야 성공이고, 한 마리만 잡으면 그저 그런 평범한 일이고, 한 마리도 못 잡으면 실패라고 말하는 것 같다. 일과 육아, 두 마리의 토끼를 모두 '잡아야' 할까? 두 토끼를 손에 넣지 않아도 같이 뛰어 놀면 안 되는 걸까? 아이를 낳은 뒤에도 이상한 나라에 온 앨리스처럼 토끼와 술래잡기를 하는 꿈에 잠을 설치고는 했다.

아이가 빨리 컸으면 좋겠다고만 생각했는데, 이제는 벌써 이렇게 컸나 하는 생각이 자주 든다. 어른들이 '애 크는 거 힘들어도 금방이다'라고 말하는 이유가 다 있었다. 아이의 시간은 어른의 시간에 비해 8배속쯤 되는 것 같다. 몸과 마음이 커 가는 모습이 볼 때마다 달라져 있었다. 아이가 5킬로그램 정도 됐을 때부터, 나는 무거워서 허리를 두드리고는 했는데, 순식간에 15킬로그램이 됐다. 배밀이를 할 때 '얘는 언제쯤 걸을까' 하고 걷는 애들을 부러운 눈으로 바라봤는데, 이제는 계단을 내려올 때도 스스로 하겠다며 엄마 손을 뿌리친다. 아이스크림을 못 먹게 해도 소용없다. 냉장고 앞에서 떼쓰며 울기만 하던 아이는, 이제는 엄마 눈치 한번 슥 보더니, 냉동실 문을 번쩍 당겨 열고서는 의기양양하게 꺼내 먹는다.

가만히 있다가도 불현듯 아이의 순간순간이 그리울 때가 있다. 힘들기만 했던 모유수유 때나, 눈에 넣어도 하나도 아프지 않을 것 같은 옹알이를 시작하던 때처럼. 아이의 동그란 배꼽을 누르면 어린 시절로 되감기가 되어, 실컷 보고 왔으면 좋겠다는 생각도 했다. 그렇게 힘들게만 보내지 말고, 누워서 엄마만 바라보던 아이를, 작고 꼼지락대던 아이를 조금이라도 더 안아 줄 걸 하는 후회가 밀려온다.

아이는 태어나서 3년 동안 평생 할 효도를 다 한다고 한다. 이때는 그저 엄마 아빠가 전부이고, 엄마 아빠의 사랑을 스펀지처럼 쑥쑥 빨아들이는 시기다. 그리고 그 사랑에 보답하는 것 마냥 한껏 웃어 주기에 이런 말이 나온 것 같다. 이후 아이가 독립할 때까지 수많은 질풍노도의 세월을 견디려면 이 3년을 아주 충실히 보내야 할 것만 같았다.

아이가 어릴 때는 몸이 힘들고, 몸이 편해질 때가 되면 정신적으로 힘들다고 한다. 조금 더 자라, 학교에 가고, 또 고학년이 될수록 엄마보다는 친구를 더 반가워하고 의지하는 때도 올 것이다. 그러다 이성에 관심이 생기고 부모가 피땀 흘려 번 돈을 용돈으로 줬더니 아이돌 앨범과 굿즈를 사 모으고, 아빠랑 결혼하겠다던 딸이 남자친구 초콜릿을 사 준다며 또다시 용돈을 타 갈지도 모른다. 영원 불멸의 진리이다.

정말 신기한 것은 언젠가 엄마 품을 떠날 줄 알면서도, 이런 걱정과 상상을 떠나서 지금의 아이가 너무 예쁘고 사랑스럽다는 것이다. 진짜 힘든데, 몸은 부서질 것 같은데 이런 사랑의 감정은 도대체 어디서 나오는 것일까. 나만 알던 이기적이던 내가, 이렇게 누군가를 사랑하고 어떤 상황에서도 사랑을 줄 수 있는 존재가 됐다는 사실이 놀랍다. 여전히 부족하지만 엄마가 된 내 자신이 자랑스럽다.

미라클 모닝도 결국 아이와 좋은 시간을 보내고 많은 추억을 만들기 위해서이다. 할 일에 쫓겨서 잘 돌봐 주지도 못하고, '그때 좀 더 안아 줄 걸', '그때 더 사랑해 줄 걸' 하는 후회를 남기고 싶지 않다. 나와 같은 엄마가 미라클 모닝으로 아이와 엄마의 행복한 시간을 누리길 바란다.

# [꿈꾸는 엄마의 플래너 활용법]

플래너만 잘 써도 나의 상황을, 원하는 목표에 다다를 수 있다. 막연하고 멀게만 느껴지는 목표를 작은 도전들로 잘게 쪼개고 하나씩 이뤄나갈 수 있다. 플래너에 작성하며 다음날 주요 일정과 할 일을 쓰면서 어떻게 하면 이 일을 제대로 하면서도 신속하게 끝낼 수 있을지를 생각해 본다. 한정된 시간과 에너지를 나누면서 그 일을 해내는 모습을 상상해 보라.

예를 들어, 나는 기자이므로 간담회에 가야할 일정이 생길 수 있다. 내일 간담회에서 작성할 기사를 위해 주제를 미리 파악한다. 플래너를 쓰면서 간담회와 관련된 지난 기사, 자료, 업계 동향 등을 찾아보고 예상 질문도 뽑아 본다. 주제가 생소하다면 검색도 해 보고, 전문 용어를 미리 정리해 둔다. 기사의 얼개를 짜서 대략 에버노트에 저장해 둔다.

24시간 중 9시부터 6까지가 업무 시간이고, 출퇴근 이전과 후가 그리 특별하지 않다. 그러나 이렇게 플래너를 쓰다 보면 빡빡한 일정 사이에서 이동 시간 같은 '귀한 시간'을 발견한다. 이 보물 같은 시간을 테트리스하듯 잘 맞춰 계획한 일을 해내는 모습을 상상하면 된다.

일상에서도 마찬가지로 적용할 수 있다. 밥 하고, 빨래하고, 청소하는 루틴한 일정 가운데, 특별히 잊지 말고 구매해야 하는 물건이 있을 때, 아이가 병원 검진을 받으러 가야 하는 일이 있을 때 등을 적어서 시간 관리하면 좋다. 플래너는 할 일 위주로 짜거나 시간을 중심으로 짤 수 있는데, 하나씩 목표한 일을 체크하는 목적 중심의 일이라면 중요도 위주로, 시간을 낭비하지 않고 효율적으로 쓰고 싶다면 시간을 정해놓고 일을 처리하는 시간 중심으로 짜는 것이 좋다.

## <할 일 중심 플래너의 예>

| 월 | 1 | 2 | 3 | 4 | ⑤ | 6 | 7 | 8 | 9 | 10 | 11 | 12 |
|---|---|---|---|---|---|---|---|---|---|---|---|---|
| 일 | 1 | 2 | 3 | 4 | 5 | 6 | 7 | 8 | 9 | 10 | | |
| | 11 | 12 | 13 | ⑭ | 15 | 16 | 17 | 18 | 19 | 20 | | |
| | 21 | 22 | 23 | 24 | 25 | 26 | 27 | 28 | 29 | 30 | | |
| | 31 | | | | | | | | | | | |

| 할 일 | 목표 | 확인 |
|---|---|---|
| 1 | 출근길에 오디오북 듣기 | V |
| 2 | 설거지하면서 주식 강의 듣기 | V |
| 3 | 운동하면서 뉴스 보기 | V |
| 4 | 실내 자전거를 타면서 팟캐스트 듣기 | V |
| 5 | 유산소 운동하며 영화나 드라마 보기 | V |
| | | |
| | | |
| | | |
| | | |
| | | |
| | | |

### 메모

- 출근길에 듣던 오디오북 다 들어가니 다음 오디오북 구매하기
- 평소보다 아이가 일찍 깨서 실내 자전거를 타지 못했으니 저녁에 자기 전에 하기

🕐 꿈꾸는 엄마의 미라클 모닝

<시간 중심 플래너의 예>

| 월 | 1 | 2 | 3 | 4 | ⑤ | 6 | 7 | 8 | 9 | 10 | 11 | 12 |
|---|---|---|---|---|---|---|---|---|---|---|---|---|
| 일 | 1 | 2 | 3 | 4 | 5 | 6 | 7 | 8 | 9 | 10 | | |
| | 11 | 12 | 13 | 14 | ⑮ | 16 | 17 | 18 | 19 | 20 | | |
| | 21 | 22 | 23 | 24 | 25 | 26 | 27 | 28 | 29 | 30 | | |
| | 31 | | | | | | | | | | | |

| 시간 | 목표 | 확인 |
|---|---|---|
| 04:00 | 기도, 침대 정리, 요가, 라이브 방송 준비 | V |
| 05:00 | 라이브 방송 30분 후 제목, 썸네일 등 마무리 작업 | V |
| 06:00 | 공복 유산소, 영상 편집 | V |
| 07:00 | 아침식사 및 정리, 아이와 아침 시간 보내기 | V |
| 08:00 | 아이 등원시키기, 출근하며 오디오북 듣기 | V |
| 09:00 | 집중 근무 | V |
| 10:00 | 집중 근무 | |
| 11:00 | 집중 근무 | |
| 12:00 | 점심 먹고 짧게 산책 | V |
| 13:00 | 집중 근무 | |
| 14:00 | 집중 근무 | |
| 15:00 | 집중 근무 | |
| 16:00 | 집중 근무 | |
| 17:00 | 집중 근무 | |
| 18:00 | 퇴근하며 뉴스 보기, 저녁 준비 | V |
| 19:00 | 저녁 식사 및 설거지 | V |
| 20:00 | 근형이와 저녁 시간 보내기 | V |
| 21:00 | 내일 라이브 준비, 플래너 작성하기, 근형이 동화책 읽어 주기 | V |
| 22:00 | 취침 | V |
| 23:00 | 취침 | |
| 01:00 | 취침 | |
| 02:00 | 취침 | |
| 03:00 | 취침 | |

| 메모 |
|---|
| - 저녁 시간에 아이가 혼자서도 잘 놀아서 실내 자전거를 탔음 |

<꿈꾸는 엄마의 플래너>

| 월 | 1 | 2 | 3 | 4 | 5 | 6 | 7 | 8 | 9 | 10 | 11 | 12 |
|---|---|---|---|---|---|---|---|---|---|---|---|---|
| 일 | 1 | 2 | 3 | 4 | 5 | 6 | 7 | 8 | 9 | 10 | | |
| | 11 | 12 | 13 | 14 | 15 | 16 | 17 | 18 | 19 | 20 | | |
| | 21 | 22 | 23 | 24 | 25 | 26 | 27 | 28 | 29 | 30 | | |
| | 31 | | | | | | | | | | | |

| 시간 | 목표 | 확인 |
|---|---|---|
| 04:00 | | |
| 05:00 | | |
| 06:00 | | |
| 07:00 | | |
| 08:00 | | |
| 09:00 | | |
| 10:00 | | |
| 11:00 | | |
| 12:00 | | |
| 13:00 | | |
| 14:00 | | |
| 15:00 | | |
| 16:00 | | |
| 17:00 | | |
| 18:00 | | |
| 19:00 | | |
| 20:00 | | |
| 21:00 | | |
| 22:00 | | |
| 23:00 | | |
| 01:00 | | |
| 02:00 | | |
| 03:00 | | |

To do list

꿈꾸는 엄마의 미라클 모닝

# <꿈꾸는 엄마의 플래너>

| 월 | 1 | 2 | 3 | 4 | 5 | 6 | 7 | 8 | 9 | 10 | 11 | 12 |
|---|---|---|---|---|---|---|---|---|---|---|---|---|

| 일 | | | | | | | | | | |
|---|---|---|---|---|---|---|---|---|---|---|
| | 1 | 2 | 3 | 4 | 5 | 6 | 7 | 8 | 9 | 10 |
| | 11 | 12 | 13 | 14 | 15 | 16 | 17 | 18 | 19 | 20 |
| | 21 | 22 | 23 | 24 | 25 | 26 | 27 | 28 | 29 | 30 |
| | 31 | | | | | | | | | |

| 시간 | 목표 | 확인 |
|---|---|---|
| 04:00 | | |
| 05:00 | | |
| 06:00 | | |
| 07:00 | | |
| 08:00 | | |
| 09:00 | | |
| 10:00 | | |
| 11:00 | | |
| 12:00 | | |
| 13:00 | | |
| 14:00 | | |
| 15:00 | | |
| 16:00 | | |
| 17:00 | | |
| 18:00 | | |
| 19:00 | | |
| 20:00 | | |
| 21:00 | | |
| 22:00 | | |
| 23:00 | | |
| 01:00 | | |
| 02:00 | | |
| 03:00 | | |

## To do list

엄마의 24시간을 긍정적으로 만드는 힘

# 꿈꾸는 엄마의 미라클 모닝

**1판 1쇄** 2021년 5월 31일
**1판 2쇄** 2021년 11월24일

**지은이** 김연지
**펴낸이** 유경민 노종한
**책임편집** 박지혜
**기획편집 유노라이프** 박지혜 장보연 **유노북스** 이현정 함초원 **유노책주** 김세민
**기획마케팅 1팀** 우현권 **2팀** 정세림 유현재 정혜윤 김승혜
**디자인** 남다희 홍진기
**기획관리** 차은영
**펴낸곳** 유노콘텐츠그룹 주식회사
**법인등록번호** 110111-8138128
**주소** 서울시 마포구 월드컵로20길 5, 4층
**전화** 02-323-7763 **팩스** 02-323-7764 **이메일** info@uknowbooks.com

**ISBN** 979-11-91104-14-1 (13190)